西洋文學、文化意識叢書

普爾斯

古添洪 著

葉維廉・廖炳惠 主編

東大圖書公司

國家圖書館出版品預行編目資料

普爾斯 / 古添洪著. －－初版一刷. －－臺北市； 東
大，民90
　　面；　公分－－(西洋文學.文化意識叢書)
參考書目：面　含索引
ISBN 957-19-2595-0　(精裝)
ISBN 957-19-2596-9　(平裝)

1. 珀爾斯 (Peirce, Charles S. (Charles Sanders),
1839–1914)－傳記　2.珀爾斯(Peirce, Charles S.
(Charles Sanders),1839–1914)－學術思想－哲學

145.45　　　　　　　　　　　　　　　90002792

網路書店位址　http://www.sanmin.com.tw

ⓒ 普　爾　斯

著作人　古添洪
發行人　劉仲文
著作財
產權人　東大圖書股份有限公司
　　　　臺北市復興北路三八六號
發行所　東大圖書股份有限公司
　　　　地址／臺北市復興北路三八六號
　　　　電話／二五〇〇六六〇〇
　　　　郵撥／〇－一〇七一七五——〇號
印刷所　東大圖書股份有限公司
門市部　復北店／臺北市復興北路三八六號
　　　　重南店／臺北市重慶南路一段六十一號
初版一刷　中華民國九十年三月
　編　號　E 87012-1
　基本定價　肆元捌角
行政院新聞局登記證局版臺業字第〇一九七號

ISBN　957-19-2595-0　(精裝)

《西洋文學、文化意識叢書》總序

　　自從結構主義、後結構主義崛起之後，名詞及術語令人目不暇給，再加上批評家往往在理論裡平添自傳、政治抗爭、文字戲耍的色彩與作為，使得理論不再容易理解，尤其在一波波的新理論推出後，彼此針鋒相對，互有消長，更令人覺得無所適從，猶如瞎子摸一隻不斷變換位勢及形狀的象，始終無法明瞭理論的體系及其來龍去脈。

　　以中文發表的論文及專著，雖然已有不少是觸及晚近的文學、文化理論，但是大多只作全景掃描式或作片面的報導，鮮有真正深入某一理論家的原作，就其思想傳承作清楚的交代，並對理論演變及其作用加以闡明，從而進一步評估其成就，不致落入邊陲地帶的完全依賴、毫無判識能力的弊病。

　　這一套叢書由葉維廉教授提出構想，由我擔任策劃，我們力求平均分配文學、文化理論家的學派比例，希望能藉研究這些理論家，同時對當代的文化、社會理論及活動也有廣泛的接觸。對於古典的文學理論家如柏拉圖、亞理斯多德、乃至啟蒙時代以後的美學、哲學家如康德、黑格爾、尼采，或像馬克思及海德格，這些影響深遠的思想家，我們希望將他們納入當代的文化理論中加以討論，從中看出他們被吸收、轉化、批判的成分，進而對這些思想家在

傳統中所形成的效應歷史意識有所反省。

當然，任何一套叢書難免有掛一漏萬的問題，我們儘量做到在地理分布上，從蘇俄、東歐、西歐到美國，不落入英美或法德為本位的理論傾銷；同時，我們對現代主義、詮釋學、批判理論、女性主義、後現代主義、後結構主義、後殖民論述的代言人，也力求均勻，尤其兼顧了弱勢團體的論述，就膚色、種族歧視的分析與批判，以一、兩位理論家作為文化批判的切入點。當我們拿現代主義或早期的女性主義者為研究主題時，已顯出後現代處境自我反省以及重新評估其源頭的態度，是以後現代、後結構的觀點去審視現代主義及女性主義，藉此闡揚、再思現代主義、女性主義與批判理論未完成的構想，並對現下的思潮作重新定位。

這一套叢書集合了臺灣、香港、法國、美國的學者，以目前的陣容作基礎，希望能作到逐漸擴大，並引起學術及文化界的熱烈回響，使理論進入日常生活的意識，思想與文化作為結合。

三民書局暨東大圖書公司負責人劉振強先生使這一套叢書得以問世，在此要向他、參與叢書撰寫的學者與東大圖書公司的編輯群致敬。

廖　炳　惠
一九九一年七月於風城

普爾斯

自 序

　　普爾斯(C.S.Peirce, 1839–1914)以其高度創意卻又艱澀的思維，以其傲岸、離經、叛俗的性格，而其學院訓練又原非哲學，其賴以謀生的任職也與他所從事的哲學、邏輯學等研究沒有決定性的關聯，故其生前坎坷、死後未能立刻有聞，似乎也符合歷史的常軌。

　　不過，普爾斯生前也曾在學術界有過短暫的輝煌。他早期(1877–1878年間)所提出的、最為易懂的「實驗實證」哲學精神，把美國實驗科學提昇到哲學的層面，大受當時的學界所歡迎。我國的胡適先生留學美國期間，也深愛普爾斯的「實驗實證」哲學；但普爾斯其時剛過世，胡適在自傳裡自言只好從康乃爾大學轉到哥倫比亞大學師事杜威，因為杜威繼承並發揚了普爾斯的實用學說。說起來，胡適提倡「實驗精神」可謂由來有自，而我國的學界與普爾斯的淵源也早得使人驚訝。誠然，普爾斯早期的「實驗實證」主義，確實為當時及稍後的學界所推崇，但其後他所提出的更具原創性的、艱深的、別樹一幟的各個學說，如實用嘔主義、批評性常識主義、現象學、記號學、愛驚訝的進化的實在論等，則乏人問津了。他死後豐富的藏書以及他的手稿雖幸而為哈佛大學購去並館藏，但他的重新被學界發現與發揚光大，就有待其逐步被確認為美國記號

學奠基人這一歷程。 在這過程裡, 美國的莫瑞士(Charles Morris)、東歐移民的雅克慎(Roman Jakobson)、義大利的艾誥(Umerto Eco)等當代記號學的拓展者, 都扮演著決定性的角色。

我接觸到普爾斯的學術是迂迴的。我在臺大比較文學博士班就讀時(1974–1976), 曾撰寫一篇論文,把美國詩人／批評家藍森(Ransom)的「肌理／結構說」和我國清代詩人／批評家翁方鋼的「肌理論」相較。其後,我於1976年到美國加州大學（聖地牙哥校區）繼續研究,面對圖書館的豐富藏書,不免對藍森作進一步閱讀,卻發覺藍森在一篇論文裡,根據莫瑞士的記號學專著,應用了「記號學」的理論,謂文學作品以「武斷俗成記號」(symbol)運作,但偶然會使其歧異為「肖像記號」(icon)以指陳客體的品質與豐盈云云。這引起我的興趣,進而閱讀莫瑞士的原著,終而發現了普爾斯。這一發現,就決定了我以後的研究朝向與視野。當然,我並非意味著我只獨「沽」普爾斯一味,而是說我從此就浸淫在廣闊的記號學領域裡。然而,還是普爾斯的艱澀與創意最使人著迷。我於1984年撰寫《記號詩學》時,其中一章就是普爾斯的記號學。現在回想起來,我還是頗以這本書為傲:遠在1984年我就能對普爾斯、雅克慎、洛德曼(Jurij Lotman)、艾誥等人做出深入、掌握住潮流、而幾乎沒有差錯的論述。然而,在《記號詩學》的實踐部分裡,我並沒有對艱深的普爾斯的記號學有實質上的應用。

自此,我更沿著此記號學研究途徑向中西比較詩類及影響／接受研究進軍,並同時依需要納入如讀者反應理論、

解構主義、女性主義等當時得令的學派的一些理念，先後對中英「及時行樂詩」、「山水詩」、「情詩」、「女代面詩」（即男性詩人以女性身分書寫的代言體）、及「讀藝詩」（如「題畫詩」等源於繪畫等藝術作品的詩篇）等抒情詩類作出了研究，其目的乃試圖在個別抒情詩類裡，建構一個貫通中西有關詩篇的共同詩學與記號系統，並進而尋求文學的一般通則與系統。這些論文雖非普爾斯記號學的徹底應用或發揮，但其通體視野與架構往往是普爾斯的三元中介模式（尤其是我對魯迅散文詩集《野草》的影響／接受研究），而普爾斯記號學的「肖象」理論在「及時行樂詩」的「喻況」修辭及「山水詩」的山水以「形」肖「道」上則有相當不俗的發揮。回想自1981年歸國任教以來，普爾斯一直是我在研究所所開的當代西方文學理論課程上的一個單元，轉眼竟是二十年了。歲月催人，使人欷歔。大概是六年前，我和書局簽了書約，對普爾斯就更心有所繫了。我先後出國從事研究兩年，期間都對普爾斯的研究文獻有所涉獵。然而，我對研究資料搜尋的能力並不高妙，故結果應該是頗有遺漏，而非一般客氣話所說的遺漏自所難免；而事實上我撰寫的習慣是以原始著作為主要根據，加以精讀、領悟、重新處理與規畫，參考資料所作的解釋與發揮，僅處於次要地位，甚或只是涉及或僅供參考而已。經過了多少生命的風風雨雨，而普爾斯一書終於在斷斷續續中寫就了，真有點是如釋重負的感覺。

在撰寫過程裡我對普爾斯的研究獲得了什麼收穫呢？首先，我對普爾斯自我鑽研、傲岸、叛俗而坎坷的一生有所感觸。其次，我很驚訝我竟能把普爾斯龐雜的「實用噬

主義」作出了完整而條理清晰的架構與論述。同時，我很高興對普爾斯現象學的三種存在型態（即首度性、二度性、三度性）的關係以及如何在宇宙及人文各領域的表達有較深入的領會。對普爾斯美學理論理出了一個多層次的論述以呈現其豐富的面貌，也算是一個滿意的作業。稍有遺憾的是我未能對其記號學作比以前更深入的論述與發揮，而對其現象學的參考文獻應用也顯然略有不足（原因之一是身心有所困之之故）。最後，也許也是最重要的是，我對普爾斯哲學各層面的相互關連，也就是其生平、實用嚒主義、現象學、記號學、美學之互為貫通，有了深刻的體會；職是之故，我在各章節裡也作了適當的相互勾連。

　　完成了《普爾斯》，不等於說要離開普爾斯。事實上，我最近對人類的潛意識世界產生了很高的興趣，而普爾斯現象學視野觀照下的意識／潛意識理論及時給予我一點研究上的依傍與激勵。就讓我在這裡為我這尚未開發尚未成形的研究旅程作預告吧！

　　就在我三校完畢、筋疲力倦、以為大功告成之際，才發覺尚拖著這個「序」的尾巴要寫。勉力為之，行文也就不免結結巴巴、斷斷續續不成章法了。是為序。

古　添　洪
二○○一年二月於臺北

普爾斯(Charles S. Peirce)
── 美國哲學家暨當代記號學先驅

目　次

第一章

緒言：普爾斯離經叛俗的一生

及其述評

普爾斯(Charles S. Peirce, 1839–1914)，是一個鬼才、天才、奇才；在思想上、性格上，都堪稱為一個不折不扣的美國傳統上所謂的「離經叛俗者」(non-conformalist)；在思想上他被譽為美國思想家中最有創意者，而在生活上則不免於坎坷的一生了❶。

普爾斯一生以邏輯家自居，在此領域的離經叛道的開創，則是把「邏輯」從亞里斯多德(Aristotle, 384–322 B. C.)的「三段論式」的格局解放開來，與實踐的生活與問題相連結；他遴選為美國科學院院士 (1877)所提論文，即為邏輯學上的著作。他在世時，則以其實用哲學著稱；然而，在一八九八年，威廉·詹姆士(William James, 1842–1910)大肆讚美其學說之際，他又要與詹姆士等所推廣的「實用主義」劃分界線，並自創「實用噬 主義」（在pragmatism中加入二個字母而成為pragmaticism，故筆者也仿譯如此）一詞以作識別，可見其不妥協的精神一斑。在晚近幾十年的學界裡，其成就特為世所重者，則是其「記號學」(semiotics)。他自己也意識到他在這方面的開創建樹及「記號學」的無窮潛力。他於一九〇七的晚年形容自己為「一個開荒者，一個墾丁，做著清理場地的工夫，把我所說的記號學這一個場地開闢出來，而記號學乃是研究各種基本的記號表義

---

❶ 其傳記資料主要根據魏斯(Weiss)所寫的小傳(1934;1965)，費斯(Fisch)對其學術分段發展的勾劃(1978)，《普爾斯編年全集》一到五冊各緒論中的陳述，以及目前最為詳盡的伯欄特(Brent)的傳記(1993)而成。為免引文駁雜，除有特別需要外，不分別註明資料出處。筆者間有一得之愚處，則行文中自作識別。

活動底本質的一套律法」(5.488)(《普爾斯全集》原章節；
以下仿此)。普爾斯記號學的精要，乃在於其三元中介模式，
在於其三元中介的「記號衍義行為」(*semiosis*)：「所謂記號
衍義行為乃是一個活動，一個影響運作，涵攝著三個主體
的相互作用；這三個主體是為記號，記號的對象，以及居
中調停記號。這是一個三方面互連的影響運作，絕不能縮
為幾個雙邊的活動」(5.484)。這個「三元中介」模式在當
代的學術意義，即是打破「結構主義」(structuralism)以來
的「二元對立」(binary opposition)模式，開出一個更為豐富、
更能接近、更能解釋現實各現象的理論。費斯(Fisch)以為
普爾斯一生的學術探討，實是圍繞著「記號學」，雖然直接
的探討始靭於一八六七年所提的〈論諸範疇的新清單〉("
On a New List of Categories")一文，而於四十多年後的晚年
再專注於其「記號學」的直接探討，以一九○三到一九一
一年期間最為豐富。費斯同時指出，其記號學上之探討與
其邏輯學上之探討，可謂互為表裡。蓋普爾斯既說記號的
研究為邏輯學上不可或缺者(4.551)，復說邏輯可界定為記
號學的形式面(NE4.20)。吾人不妨謂，普爾斯一生以邏輯
家自居，在此複合意義上亦是事實。晚近學界對普爾斯研
究採取綜合視野，即是對普爾斯學說的任一局部作探討時，
應在其通體哲學的架構裡互為關聯地進行。筆者在撰寫此
書時，也深覺其實在論、實用噠主義、邏輯學、現象學、
記號學、美學等，實互為關聯，融為一爐。無論如何，普
爾斯當以美國記號學的奠基人的身份作為其歷史的定位。

　　然而，使任何人都覺得驚訝的是：普爾斯在學院的專
業訓練不是哲學，他賴以謀生的任職也與他所從事的哲學、

邏輯學等研究，沒有決定性的關聯。他於一八五九年畢業於哈佛大學，一八六二年獲碩士學位，並於次年獲化學學位。但他對以科學作為其終身行業有所顧慮，而已於一八六一年加入「美國海岸測量局」(United States Coast Survey)工作，一直到一八九一年被迫退休為止，一共三十年半，其時年為五十二歲，尚稱壯年。在「美國海岸測量局」的工作，屬於科學與科技的工作，並且多處發揮了他創意的能力，可謂鬼才、奇才的表現。他曾擔任地心吸力的研究、鐘擺的研究、度量衡的研究，都有原創性的貢獻❷。

　　至於學院的任職與教學，與普爾斯的學術成就相較，實在不成比例。雖然他於一八七七年先後被選為「美國藝術與科學學院」及「國家科學院」的院士，並獲得學術界的推薦，但他無法在大學裡獲得專任的教職。證據顯示，這是因為性格傲岸不群，為人所作梗故；這是很遺憾的事，也是普爾斯一生中的一大挫折。無論如何，一八七九到一八八四年間，他一方面在測量局工作，一方面在著名學府霍金斯大學(Johns Hopkins University)兼任講師，講授邏輯學。普爾斯與學院的聯繫，除此之外，就是他在哈佛大學所作的演講了，而其中或以一九〇七年其在「哲學社」所作的關於「實用嚥主義」的七場演講最為博大精深。他的教學與演講，對一般人而言，是太艱深、太超越他們的年代，但好學深思之士，則對他充滿崇敬與孺慕。當然，他

----

❷　普爾斯決意退休的原因甚多，不詳贅。事實上，隨著測量局局長Patterson於一八八一年逝世後，測量局的黃金時代已過去，不再注重學理性的研究工作，普爾斯對測量局已感意興闌珊。

之所以失去霍金斯大學的兼任講師工作，並自此與學術圈疏離，和他與其第一任妻子瑟娜・費(Zina Fay)於一八八三年離婚不無關係；瑟娜的父親娶了霍金斯(Hopkins)家族的一位女兒，而霍金斯家族即為該大學的董事。

　　普爾斯與其父親的關係密切，他早期的教育可說是在其父親嚴厲教導之下進行，普爾斯甚至說，他的一切成就應歸功於其父親，而論者亦認為其父的思考、心志在普爾斯身上存活著，尤其是其較為形而上、較為推理性的部分。然而，就另一角度觀察，筆者以為，普爾斯的成就源於其自學及獨立開創研究的精神。這點，從年幼時期即充分表現出來。八歲自己學習化學，十二歲建立自己的化學實驗室，十三歲偶然看到其兄的大學用邏輯教科書，就私自研習，並從此與邏輯學結了不解緣；大學一年級時，私自精研席勒(Schiller, 1759–1805)的《美學信札》及康德(Kant, 1724–1804)的《純粹理性批評》。他以後的學術生涯裡（除了化學的學院專業外），都是自己研習、開創。其學術之最高原創性，與其自學精神不無關係。同時他對學術研究鑽研不捨的精神愈挫愈勇，他曾自喻為瓶子裡的蜜蜂，不捨其掙扎，亦是其成功的要訣。大致說來，他的原創性，往往是對前人學術加以疑問及某程度的逆反以自創新業，其對康德哲學，席勒的實用學說，中世紀的經院哲學等皆如是，正符合其「實用噠主義」所謂的「懷疑」應從「既有」出發。

　　他在生活、性格、與婚姻上所遭受的困難與挫敗，毫不遜色於他在學院圈子裡的挫敗。如一般天才的慣例，普爾斯比較早熟，而他所選取的第一位妻子，也是與眾不同。

瑟娜·費比普爾斯年長三歲，其父為普爾斯的父親在哈佛的同學，娶了望族霍金斯的一位千金，後任主教之職。瑟娜是一位女性主義者，關注於女性在社會的角色。她在一八五九年時，曾對基督教的三位一體論，提出驚人的女性主義解釋，而以「聖靈」(Holy Spirit)為女性，此女性以陽光為裳，眾星為冠，月在腳下，可見一斑❸。瑟娜就讀於亞格絲(Agassiz)女子學校時，鄰近普爾斯家，所謂近水樓臺先得月，他們終於一八六二年結為連理，普爾斯時年二十三歲。然而，十四年的婚姻生活後，瑟娜於一八七六年棄普爾斯而分居，而普爾斯終於一八八三年和瑟娜正式離婚， 並娶茱麗葉·霍斯(Juliette Froissy)為妻一直到終其身❹。

　　普爾斯父親是當時美國首屈一指的數學大家，任教哈佛。普爾斯自幼講求生活享受，衣著華麗光鮮，有紈袴子弟之奢侈風。哈佛大學畢業之際，即考慮到科學的研究不能帶來財富，毅然決定在「美國海岸測量局」工作，以自謀生計。終其一生，他多次試圖快速地獲得大筆財富，但這些發財夢都不成功。他在一八八七年繼承到一筆錢，在賓州米爾福(Milford)附近購置了房子和土地， 自己有了相

---

❸ 普爾斯因瑟娜之故，改信奉三位一體的基督教義，並終其一生如此。學者指出普爾斯的三元中介記號衍義理論，與此基督教義或不無關係，而普爾斯曾一度以記號底對象為父，記號為母以闡述其模式，與瑟娜的女性主義解釋或亦有關係。參費斯《普爾斯編年全集》第一冊〈緒論〉中之第四節。

❹ 普爾斯與瑟娜沒有兒女，瑟娜離異後沒有再婚。兩人對婚姻中之齟齬，都不願多言。

當宏大的圖書室，擁有豐富與珍藏的科學與哲學藏書。然而，四年以後（即1891年）從測量局退休，失去了每年三千元的薪金，而其揮霍依舊，慢慢人不敷出，就開始靠演講、各類瑣屑的寫作增加收入，以支撐家計。到一九○二年，他就開始負債，瀕臨窮困的邊緣。九年前他就曾計劃寫十二巨冊的哲學，並獲得當時學界名人的推薦，向加尼茲(Carnegie)基金會申請，但由於購書預約不足而作罷。後來，他向基金會換個寫作計劃，要撰寫三十六個回憶錄(memoirs)，討論邏輯的系統，也同樣獲得名人推薦，但以邏輯非自然科學範疇故又為基金會所拒。到一九○七年，他已是一貧如洗，就靠其一生的好友威廉‧詹姆士籌來的一筆小基金，勉強度日。到一九○九年，他已是七十出頭的老頭子，需要每天服用一點嗎啡以止病痛。五年後，也就是一九一四年，終於死於癌症：挫折孤單、學術上沒有信徒，著作沒有出版商垂青中死去。死後，哈佛大學哲學系從其遺孀手中買下手稿編輯以付梓（即為八冊的《普爾斯全集》），並購買了其圖書室中的珍藏，使普爾斯的學術不墜而終得以在身歿後大放光芒，實是不幸中之大幸。值得我們敬佩的是，普爾斯在其貧病與無人問津的晚年，仍然寫作不輟，更重拾其年輕時開創的「記號學」視野而終能為此領域奠定一個穩固的基礎，一個嶄新的學術格局，而名垂不朽。

最後，讓我們略事論述普爾斯爭議的個性。普爾斯幼年在他數學家的父親嚴格管教之下，本身又富有天份，好學深思，不免養成一種要別於眾人的、傲慢自高的個性，甚至因被嚴格要求而帶有一點反叛的傾向。他自己也並非

不完全了解自己個性上的這些缺失，他曾形容在大學時期的他為虛榮、傲慢、懶散、壞脾氣等。也許，他對學校課程有點懶散，但對自己有興趣的、自學的課題，不可能是懶散，此證諸於其日後鑽研之勤與深便知。他穿著講究，有紈袴子弟之風，則為事實。小說家亨利・詹姆士(Henry James, 1843–1916)在一八七五年寫給其兄威廉・詹姆士信中，用經濟的語言道出其紈袴之風:「普爾斯先生穿著漂亮的衣服等等」。他自我行事的性格也是可以預期的，他在十六歲時就寫道，他不要變成聽話的少年，也不願意遵從別人為他指定的規矩，而是以其個人生活的理論而行事。上面所述各種性格上的、不為俗世認同的特性，拼合起來會是怎麼一張不能為人所苟同的形象呢? 難怪普爾斯一生的好友威廉・詹姆士稱他為「怪物」(queer being)了。除了個性上的缺失與及奢侈外，尚謠傳說他有同性戀、酗酒、暴力、吸毒等缺失; 這些謠言裡，有部分可能是真的，但需要進一步了解其實況。事實上，普爾斯一生給稱之為trigeminal neuralgia的神經痛所苦，這或可解釋他服用嗎啡等毒品是為了減輕痛苦，並解釋了因病痛而引起的各種行為偏差。普爾斯埋怨說，他父親教他很多東西，但沒有教導他「自我約束」(self-control)的能力。當然，這未必真的把責任歸咎其父親，但普爾斯一生缺乏自我約束的能力，是性格行為上的一大缺失，倒是事實。普爾斯強調其為「左撇子」(left-handed，用左手寫字、做事)，故與別人性格有所差異。但事實上，他左右手都可以寫: 他可以用一隻手來寫出一個問題，而用另一隻手書寫作答。他的哲學最為艱深，語言表達也最為艱澀，普爾斯也把這歸咎到其「左撇子」

上，謂左撇子在語言表達的能力上有所匱乏云云。

　　普爾斯有雄心、有才華、傲岸不羈、生活卻紈袴浮華、但又毫無自我約束力；其個性不能為世所諒解，甚至不為其妻室所體諒，雖屬憾事，但亦非吾人想像不到的。伯欄特(Brent)把普爾斯與法國詩人波特萊爾(Baudelaire, 1821–1867)相提並論，謂兩人的個性與行徑相近似，同具有波特萊爾式的「叛逆不羈精神」(Dandyism)（原義為穿著奢華，但據波多萊爾以身為此詞彙所作示範，則在各種怪僻、奢華甚或墮落的表面，實以正面的叛逆不羈為其真精神，故逕譯如此）：以自己的標準成聖成雄，對習俗及旁人嗤之以鼻，有撒旦雄偉叛逆之風。如果就美國的歷史視野來看，筆者願意簡單地把普爾斯納入「離經叛俗」(non-conformist)這一個傳統，即不接受當時社會的各種規範而自我行徑的人。

　　此外值得一提的是，普爾斯雖自承是在科學的圈子裡長大，而一生又以哲學（包括邏輯）為研究對象，但他對文學、戲劇及其他藝術型態都有所嗜好。詩人愛默生(Emerson, 1803–1882)是普爾斯尊為父執輩的長者，而他在少年時也雅愛寫作，寫有詩歌及短篇小說(Thomas Winner 1994: 278–79)，而大學時所撰作文其中若干與美學及藝術有關，而其更自承進入哲學是以席勒的《美學信札》開其端。愛倫·韋納(Irene Winner)甚至說，普爾斯一直對文學與藝術沒有忘情，其哲學可謂隱藏著一個藝術的「次書篇」(sub-text)(1994:123–25)。

　　最後，我們怎樣去描繪、去體會普爾斯坎坷、掙扎的一生呢？筆者認為，莫如以普爾斯「現象學」所提出的三

種生存型態刻劃之，或最能得其神韻。生存型態之「首度性」，是以「新鮮、生命、自由」為其特性，大抵是指「存在」底豐富而不可捉摸的品質；「二度性」（即事實性的存在世界）是以「限制」、「因果」、「止歇」為其特性；「三度性」則為思維世界，以通則、通性、理知性、中介性為其特性。我們不妨想像，普爾斯一生渴望著追求著生命的「首度性」，也就活潑羈放自由的生命品質，卻又為事實性的存在世界各種限制、各種止歇、各種習俗與成規所圍而掙扎，而最終則透過其思維的世界，也就是其哲學、邏輯學、記號學等的鑽研，希冀能統攝前兩個世界，得以某程度的調停、中介與解放。然而，在哲學等思維世界裡，也有著許多成規、習俗、偏見，而普爾斯的努力即在衝破，他曾自喻為瓶子中的蜜蜂，碰壁，卻不懈的努力以掙扎。

書寫、評述普爾斯這麼一個離經叛俗的靈魂，讓筆者也用一種離經叛俗的結尾來結束這個小傳。也就是說，抄下我十五年來研讀普爾斯著作中，最引起我沈吟思考的句子，請讀者與我共享：「如果我們不能說這宇宙是完全由記號所構成的話，我們至少可以說，這宇宙是滲透在諸記號裡」（5.488n）。

      *   *   *   *

最後，讓我略為交待本書的體例及各章的次序安排。一般討論普爾斯學術的著作，都沒有專論其在邏輯學上及科技上的貢獻，以其專業之故，本書亦不例外。其「實用嚜主義」、「現象學」、「記號學」三者為學界所最常談及的領域。本書擴大體例，增加了普爾斯生平的評述，以及其美學兩章，以竟其全，獲得更完整的視野。這些領域裡，

可謂同時萌芽於普爾斯的青年年代。但首先趨於成熟並問世者，則是其「實用曬主義」，而「實用曬主義」之從早期過渡到晚期，則頗有賴於「現象學」及「記號學」上的探求與發展。「現象學」及「記號學」都在普爾斯的晚年重拾而成熟，而在其哲學系統上，「現象學」為「記號學」的基礎。故本書這三章的先後安排如此。把普爾斯的美學理論置於最後，一方面由於這是晚近才發展的研究領域，一方面也由於其論述需綜合前三領域才竟成功。事實上，所有這些領域在某意義上是互為涵蓋的，而晚近對普爾斯的研究，是採取通體的視野，即論述其任一領域時，是在其哲學通體的架構裡進行。本書即遵從這個視野，在關鍵處為各領域架上橋樑。當然，普爾斯哲學博大精深、獨創而艱辛，筆者力有不逮之處，尚請大雅君子正之。

第二章

實用嚜主義

第一節　前言：何謂「實用噓主義」？

一九〇五年，普爾斯把他二十多年前開拓的「實用主義」(pragmatism)和著名心理學家威廉・詹姆士、教育家杜威(John Dewey, 1859–1952)等人據其學說而發展出來並為大眾所熟知的「實用主義」一刀兩斷，並甘冒不諱創造一個與原詞相近但詰屈聱牙的詞彙以指稱自己的哲學，稱之為「實用噓主義」(pragmaticism)，並說這個詞彙醜得不會再被人拐去(5.414)。讀者看英文原文，即可看出後者和前者，中間多出了"ci"兩個字母。筆者多方思量之餘，也就大膽不諱地把後者譯作同樣醜陋的「實用噓主義」。原來，據筆者通盤的考察，普爾斯的「實用噓主義」，異常繁富，綜合言之，可稱為「邏輯般假設性的實驗實證實用實有主義」。筆者這個「噓」字，就是要指陳這「邏輯般假設性」。為什麼不用「邏輯」而用「邏輯般」？對普爾斯來說，也許「邏輯」就好，但普爾斯的「邏輯」，遠遠超過我們所認知的邏輯範疇，故筆者用「邏輯般」以稱之。最後，普爾斯認為其學說幾十年來大致一脈相承，而其學說更名為「實用噓主義」後，其行文仍往往沿用「實用主義」一詞，故本文為了表彰其學說之與眾不同，除了本節因為歷史回顧需作識別外，及沿用一八七八年「實用主義箴言」一詞外，一律以「實用噓主義」稱其學說之總體。

普爾斯的「實用噓主義」，根據亞普爾(Karl-Otto Apel)的通盤研究，可分為四期❶。第一期是醞釀期，從早期普

爾斯對哲學的思考下及包括普爾斯在內的哈佛「形而上學俱樂部」的成立，即從一八五五到一八七一年期間。在此期間，主要是經由對康德哲學之批評而發展普爾斯本人對「知識」(knowledge)與「意義」(meaning)的思考，而普爾斯以後所發展的各課題，在這時期裡都有所觸及。第二期(1971-78)是以「意義」作為中心的批評對象而提出的「實用主義」。此見於最具實驗實證精神並最為當時學界所首肯的兩篇論文，即〈信仰的持執〉(1877)和〈如何使我們的理念清晰〉(1878)二文。首篇闡述了「懷疑」(doubt)與「信仰」(belief)的辯證關係、從「懷疑」走向「懷疑」之理性解決以到達新「信仰」的歷程、以及幾種對「信仰」的非理性的執著。次篇大部分篇幅重述了首篇的要旨，而最終提出了其詞義覆贅但卻是其後所發展的「實用嚜主義」基調的「實用主義箴言」。第三期(1985-98)的研究移轉到與其實用學說視野相表裡的「進化」的「形而上學」。在此階段裡，普爾斯對哲學上的宇宙論、目的論、形而上學，和達爾文(Darwin, 1809-1882)以來的「進化」觀念連結一起，作了大膽的、視野深遠的思考，而最終指出「宇宙」與「真實」是在「隨興」(spontaneity)、「有最終目的的」(teleological)、「連續」(continueity)等機制下不斷「進化」。第四期(1898-1914)提出「實用嚜主義」一招牌，以別於當時流行的實用主義。此時，普爾斯納人第三期所作各種思考以對其理論

亞普爾的《普爾斯：從實用主義到實用嚜主義》一書，是對普爾斯實用學說重要的專著。他主要是從康德哲學的角度來看普爾斯對康德哲學所作的批評與發展，雖或有所偏好，但對普爾斯實用學說的哲學層面討論極深

作進一步的闡述與省思，故其最終的「實用噓主義」異常繁富、艱澀、難懂。此時期包括最為艱深的七場哈佛演講(1903)以及開始更名為「實用噓主義」在*Monist*雜誌上發表的兩篇系列論文（即〈什麼是實用主義〉和〈實用主義諸問題〉，1905），以及生前未發表的關於「實用噓主義」和「批評性的常識主義」等幾篇論文（Apel 1981; 德文原著1967）。

然而，學者們大致把重點放在亞普爾所說的第二期及第四期，而把第一期溶入第二期，把第三期溶入第四期來討論，也即分為前後二期。事實上，普爾斯在第一場的哈佛演講裡(1903)，即說他於〈如何使我們的理念清晰〉(1878)一文裡首度提出了「實用主義箴言」之後，就像放鴿子般一去不回，二十年來都不再聞問(5.17)。因此，把普爾斯的實用學說，分為前後兩期，亦有其根據。當然，在這二十多年的中間裡，普爾斯會或多或少地對其後成形的「實用噓主義」有所思考。比較重要的問題是：前期與後期的差別如何？是否有其連續性？對普爾斯而言，前後期也許沒有太大的差別，但上引他於一九〇三年的演講，普爾斯重提早期的實用學說時，是從「實用主義箴言」出發，而非從最富實驗實證精神的「懷疑」與「信仰」的互動出發。故筆者認為最富實驗與實證精神，以「懷疑」與「信仰」的互動為著眼點的實用學說，實有其獨立性 ❷。翌年(1878)

---

❷ 不過，普爾斯在其生前未發表的〈俯瞰實用噓主義〉裡，則又重提謂所有實用主義者都同意「實驗方法」(experimental method)為鑑定「概念」底「意義」的最好方法(5.465)。但我們不妨認為這只是普爾斯事過境遷的補充，把「概念論」和

所提出的「實用主義箴言」，則為「實用噬主義」的萌芽。普爾斯也許認為他的「實用主義箴言」與其二十年後的哈佛系列演講及隨後各篇正名、闡發、辯護文章，一脈相成。然而，從一九七八年「實用主義箴言」字面所表達出來的來看，不從普爾斯當時心中或存有而沒有發揮寫在「箴言」裡的角度來猜，則與後來成形出來的「實用噬主義」，確實頗有一段距離❸。這「箴言」用辭艱澀腫贅，為許多學者所埋怨，甚至認為不可解讀，但普爾斯曾為其用辭加以辯護，謂非如此則不能表達其所表達之含義云云。茲勉為翻譯如下：

> 要獲得第三位階清晰的了解，其規則如下：思考一下我們「懷想認知」(conceive)時我們「懷想認知的對象或客體」 (object of conception)可能會有的(might have)、能「懷想認知到的」(conceivably)、怎麼樣的、實際層面的(practical bearing)諸效應(effects)。那麼，我們對這些效應的「懷想認知」(conception)是為對這對象或客體的「懷想認知」(conception)的全部。(5.402)

普爾斯意謂此即為「認知」與「概念」產生之過程，而這

「實驗方法」聯結一起，以示其學說之連續性。

❸ 豪斯曼(Carl Hausman)認為此時期普爾斯的思想，有濃厚的「唯名主義」(nominalism)色彩，而此為普爾斯後期所反對者。同時，「箴言」裡對「意義」底「條件性」的「可能」這一層面，也未如後來發展出來的「實用噬主義」那麼明確(1993: 7–8)。

些可能認知到的效應之總和即為我們從這認知的「對象」所獲得的「意義」(meaning)與「概念」(concept)。「意義」與「概念」密不可分，這就是普爾斯對「概念」所作「實用主義」的界定與詮釋。如果我們不把這「實用主義」過度發揮的話，我們可以簡單地認為這「箴言」代表著有「主體性」參與的「實用主義」，圍繞著「意義」這一問題而提出。它是「實用嚙主義」的萌芽，「箴言」裡所用「可能會」(might)一詞，下開「實用嚙主義」的「條件性」(would-be)；「箴言」裡所用「概念」(conception)一詞，下開「實用嚙主義」的「通則性」(generals)；而「實際層面」(practical bearings)卻在「實用嚙主義」裡大大拓展到幾乎無所不包。更重要的是，「實用嚙主義」尚有許多非此「實用主義箴言」所能含攝的各層面，如邏輯思維上的「誘設法」(abduction)，形而上學的「實在論」(realism)與「進化」(evolution)觀念等。換言之，筆者在普爾斯實用學說的分期上，持二分期的看法：即以實驗實證精神為主導、以「懷疑」與「信仰」為核心的學說為前期，稱之為「實用主義」。以邏輯般條件性實用實有進化為主調，探求邏輯、概念、通則、常識、神等無所不賅的學說為晚期，稱之為「實用嚙主義」。緊接甚或同時於第一期所提出的一八七八年「實用主義箴言」，即以「意義」及「懷想認知」為中心的論調，則為「實用嚙主義」之萌芽與過渡。「前期」與「晚期」中隔二十年。大致說來，胡適的「大膽假設，小心求證」所接受的是普爾斯實驗實證的「實用主義」❹，詹姆士和杜威所接受的

――――――――――――――――――

❹ 胡適在其《胡適口述自傳》中謂，他從康乃爾大學轉到哥倫比亞大學，是因為他喜歡普爾斯的實用主義，而杜威繼承並

是包括以「意義」及「主體」為中心的一八七八年「實用主義箴言」，至於艱澀繁富的「實用噱主義」，在普爾斯生前則除了少數知音之讚美外，乏人問津。

普爾斯的實用學說駁雜艱深，他本人曾對其學說作了各種不同的定位，幾乎使人無所適從。普爾斯一度說：

> 實用主義是哲學上的一個方法(method)。……哲學研究在於反省(reflexion)，因此，實用主義就是反省的方法。即是經由不斷地把方法底目的(purpose)與及其分析的諸理念(ideas)底目的加以反省審視，無論其最終所探求者或為行動上或為思想層面上的本質或用途，皆是如此。(5.13, note 1)

這個界定雖然有其廣延性，可供參考，但不免浮泛。《普爾斯全集》(*Collected Papers*, 1931–58; 即學界與本文所賴的權威版本)的第五冊《實用主義與實用噱主義》，其論者即羅列了六項來描述普爾斯的實用學說(1934–38, V, v–vi)。當然，如該論者所說，要全面呈現普爾斯的實用學說，幾乎是不可能，而其指述只是暫時性的，尚待判斷的。該六項有些具體，有些抽象，而筆者則打算根據下面各節研究所得，試作一個通體的、更為具體而易掌握的描述，以申述我前面的界定謂「邏輯般假設性的實驗實證實用實有主義」。

普爾斯底「實用學說」或「實用噱主義」包涵五個主題。其一為懷疑、信仰與實驗科學方法。其中，普爾斯申

發揚了普爾斯的學說，所以他到哥大師事杜威。

論了「懷疑」(doubt)到「信仰」(belief)的歷程，而獲得「信仰」的最佳方法，莫如實驗的科學方法。同時，普爾斯申論了「懷疑」應為真正的、活生生的「懷疑」，並非從「無」從「零」開始，而是從所處的現實中的「有」開始，這點相當地表達了其「實用」的態度：一切從實際出發。這是普爾斯生前或最少是早期，最為學界所接受的實用主義。其二，實用視野的「意義論」與「概念論」。普爾斯一八七八年「實用主義箴言」，真正的對象是「概念」(concept)，也就是「概念」給予人們的「意義」(meaning)為何這一個問題。在「箴言」裡，普爾斯指出「概念」底「意義」乃是「我們懷想認知某對象或客體時，可能會產生的、懷想認知到的、怎麼樣的、實際層面的諸效應的總和」。這一八七八年「實用主義箴言」是其以後「實用嚜主義」的橋樑與過渡。普爾斯的「意義論」與「概念論」在其實用學說裡或可稱為最重要的主題，在其後二十餘年內，慢慢發展為：「諸效應」為邏輯般條件性的、「概念」與「行動」間為「中介」(mediation)性的、「實際層面」為「無所不包」的、而「概念」本身是充滿「活力」的艱深的「實用嚜主義」視野。其三為實用學說的邏輯層面，即為建立「假設」(hypothesis)所賴的「誘設法」。普爾斯大肆抨擊傳統邏輯(即以「三段論」為基礎的邏輯)的局限，認為傳統邏輯所津津樂道的「歸納法」(induction)和「演繹法」(deduction)都無法帶來新知識，必須經由他所大力推薦的「誘設法」(abduction)才能導致「假設」，才能藉此獲得「新發現」。筆者把"abduction"譯為「誘設法」，即「誘出假設之法」之意，即根據英文原義及普爾斯學說綜合而成。普爾斯強調，「誘

設法」是一種邏輯運作。其邏輯程式大致可簡化如下。㈠事實C使我們驚訝，需要解釋其因。㈡如A真則C理所當然為真。㈢故我們猜想A是真，以便解釋事實C。換言之，由於「誘設法」所含邏輯性有其開放（包括可錯性）的空間，故能有所「發現」；「誘設法」只是獲得「假設」，「假設」最後須經由實驗以檢其真偽。普爾斯把「歸納法」、「演繹法」及「誘設法」三者作為實驗實際的科學方法裡，不同步驟所遵從之邏輯運作。事實上，「誘設法」是「觸類旁通」的「直覺的」洞察力。其四為批評性的常識主義。實用學說對傳之久遠的常識或老生常談，是採取批評性的態度。其中，普爾斯認為有許多「命題」(proposition)與「結論」(conclusion)到目前還沒有置疑，我們就暫時接受它們，蓋所有的「追詢」必須從某些「命題」或「結論」開始。這些不容置疑的命題、結論或信念，在歷史的長河裡，變異甚少，即有其「常」；但雖如此，不能歸諸為人類之本能，而很多不容置疑的命題、信念等，只適用於人類底原始的生命型態而已。 最特別的是普爾斯所提出的 「模糊性」(vagueness)。「記號」或「概念」等，含有「模糊性」，即含有「未確定性」，故能經過進一步的「確定」以不斷發展之。這與其「記號學」(semiotics)裡所津津樂道的記號底「無限衍義」(unlimited semiosis)同趣。最後，即對各種常識主義採取康德式的批評的態度。其五為「進化」的「實在論」。普爾斯遵從「經院派實在論」(scholalistic realism)的立場，以通性、通則為「真實」（相當於柏拉圖(Plato, 427–347 B. C.)的理念界），但似乎也承認「存在」的世界（相當於柏拉圖的「現象界」）。無論如何，他是認為無論是「存在」

的「宇宙」，抑或「通性」的宇宙，都是在「進化」中。其「進化」經由低等的「絕對偶然」(absolute chance)與「機械制約」(mechanism)為主導的模式，進而為以「創造的愛」(creative love)為「主導」的「愛驚訝」(agapasm)模式。「愛驚訝」模式，是在創造的愛的關懷撫順下，經由「隨興」(spontaneity)、「目的性」(teleology)、和「連續性」(continuity)而進化。最後，普爾斯預言，在無限的未來，在不斷「進化」中，「存在」的「宇宙」及「通性」的「宇宙」，即「自然」與「律法」，有漸趨湊泊為一的可能。

第二節　懷疑、信仰與實驗科學

　　普爾斯於一九七七年發表了他生前最受人推崇的〈信仰的持執〉(5.358–387)一文，代表著他前期最富實驗與實證的科學精神，代表著他最為人認知的實用主義，也即「實用嚏主義」的前期，也代表著當時美國科學界的實驗精神。從長遠的背景來看，普爾斯一八五九年於哈佛大學畢業後，又於一八六三年獲化學學位，並自言是在實驗室成長，但終生仍以邏輯家自稱(Weiss 1965:2–4)。這篇文章發表於某科學雜誌，可視作是其企圖把當時美國的實驗科學納進其實證邏輯、加以哲學化的努力。換言之，文章中所提出的從「懷疑」到達「信仰」的「追詢論」(theory of inquiry)是建立在普爾斯所認知的實驗科學上(Hausman 1993:20)。

　　首先，普爾斯強調「邏輯」(logic)與「理性思考」(reasoning)的重要性。「邏輯」與「科學」不能分離，「科學上

的每一重要步履都是邏輯上的課題」(5.363)。普爾斯甚至認為「邏輯是動物所擁有的最實用的東西。因此，它很可能是物競天擇的結果」(5.366)。普爾斯受到達爾文「進化論」的影響，文中隱約可見，而隨著普爾斯思想之發展，其對達爾文「進化論」則採取更為明確的、批評的態度（詳見本章第六節）。

普爾斯認為，「邏輯」思考裡已經含攝著「懷疑」(doubt)與「信仰」(belief)兩種不同的心理狀態、從前者過渡到後者的可能性、這過渡中為眾人所認同的規則、以及承認這追詢的「對象」不變(5.370)等。普爾斯稍後回顧時補充說，「信仰」一詞或太強烈，含有宗教的意味，而他所用「信仰」一詞，其意實涵蓋到對所有任何瑣碎事情的「相信」(5.394)。用筆者的舉例來說，你「相信」或「懷疑」你鄰居的便利商店的茶葉蛋太貴，也屬於這個「懷疑」與「信仰」的範疇。故讀者讀到下文的「信仰」一詞時，其範疇從重大的「信仰」、一般「信念」、下及雞毛小事的各種「相信」。

普爾斯首先指出，我們「提問題」和我們「作判斷」的心理感覺不一樣；換言之，「去懷疑」的情緒和「去信仰」的情緒大相逕庭(5.370)。在實用實踐的層面來說，「信仰」的情緒會在我們身上建立某種「習慣」，而這「習慣」會決定我們的「行動」，而「懷疑」的情緒則不可能產生這種效應(5.371)。同時，「懷疑是一種使人不舒服不滿意的狀態。我們想從這狀態裡掙扎出來，而走進信仰的狀態。信仰的狀態是一種安詳而滿足的狀態；我們不想離開它或者改為信仰其他東西」(5.372)。普爾斯總結兩者的差別與互聯說：

「信仰並不使我們立刻行動，而是把我們推進一個條件下，當際遇出現，我們就會朝某個方向行為。懷疑並沒有這積極的效果，而是刺激我們去追詢，及至懷疑毀去方休」(5.373)。

普爾斯的「懷疑」與「信仰」論，可謂鞭辟入裡，深得辯證的精神。「懷疑」與「信仰」相對，前者為使人不舒服、不滿意、要離開它，後者是安詳、滿足、不想移到別處。普爾斯認為「信仰」是積極的；但筆者以為，我們未嘗不可說這「積極」含攝著「消極」，因為它使人不想離開它。「懷疑」表面上是消極的，因為它不能像「信仰」般作為行動的指引，甚至要自毀其身，但此「消極」中卻含攝著「積極」，因為它帶來「追詢」。而「追詢」是人類進步、進化之所在。普爾斯上述理論裡，最富有其實用學說特色的是：「習慣」與「行動」間的假設條件性，這點與一八七八年「實用主義箴言」的精神一致。「信仰」形成某種「習慣」，而「習慣」只是把人置於某種條件下，如有某種際遇，就會朝某方向而行為。一如邏輯上的「如果下雪，我們就打火焗」（筆者例）般的假設條件性。因為是假設條件性，故是未來式的；而且，假如「如果」所陳述的條件不在，其所含攝下可能有的行動，也更付之東流。換言之，這邏輯條件子句所含攝的可能的行動，可能永遠不會兌現。

普爾斯問：如果「信仰」會在個體上產生一種行為「習慣」，並且給予個體安詳滿足感，個體何樂而不為？普爾斯指出，事實上，人們往往就是執著其「信仰」而不變。其死守執著的方法有二，一為訴諸「固執」(method of tenacity)，一為訴諸「權威」(method of authority)；前者形諸於個

人層面，後者行諸於群體的層面，但兩者皆非善法。普爾斯指出，人之所以「固執」就是害怕「懷疑」所帶來的不安情緒，故不願見聞與其「信仰」及「信念」相違的事物，以保護自己，甚至勸人如此做；這種人終其生獲得某種廉價的歡樂(cheap pleasure)，沒有什麼挫折失望。然而，普爾斯指出，這種盲目的「固執」法在實際生活裡行不通，因為它違反了人類所擁有的「社群的脈動力」(social impulse)。在生活的經驗裡，個體與別人交往時，發覺別人往往持不同的意見，而且，別人的意見不比自己差。結果，還是無法保守其「信仰」而獲得安寧(5.377–378)。於是，個體就得從個人層面的「固執」跳進群體層面的「權威」，以保有其「信仰」的安寧。「讓國家的意志來運作來代替個人的意志吧!」(5.379)。於是，「國家透過各種機構與法人，維護正確的教條，教育下一代，使其永久下去。同時，以其力量阻止與其相違的教條之教導、提倡，與表達。把人們會改變心意的各種可能因素拿走。讓人們無知，以免萬一認識到道理而去作不同的思考。讓人們的情緒也動員起來，視私有的、離經叛道的意見為洪水猛獸。讓拒絕正確信念的人受到威脅而沈默……」(5.379)。普爾斯幽默地說:「對人們大眾來說，也許沒有比這個方法更好了。假如人們最崇高的脈動力是要在知性上作奴隸，那他們就應得這樣吧!」(5.380)。然而，這訴諸群體的「權威」法，也無法成功，「因為沒有機構可以規範人們對所有問題的看法。他們只能對重要的課題加以關注，其他就得聽其自然了」(5.382)。尤有甚者，人們會發覺其他年代、其他國家的人們對同樣課題有不同的信念，終而領會到他們現在持有的

信念，不過是一種偶然，是在所處環境下教導出來的而已。他們沒有理由把他們底信念看作比其他國家的人們所持不同的信念為高。結果，無法不在腦海裡產生「懷疑」（同上）。換言之，「權威法」一如「固執法」，無法把「懷疑」根除，無法真正地獲得「信仰」所帶來的舒服、滿足的心境。總結來說，我們得謂「固執法」與「權威法」一脈相通，只是前者運作於個人層面，後者運作於群體層面，並且個體同時能透過群體的運作而對個體之「固執」有所維護，但兩者都註定失敗，或者說，無法完全成功，原因是人類擁有「群體脈動力」。人們在國內或國際間，互相交流，這互相交流、比較不同的意見，就不得不打破「固執法」與「權威法」對人們底「信仰」與「信念」的規範與控制了。

　　第三種方法與「固執法」及「權威法」相反，也就是「聽其自然之所趨」，並且經由交流與不同觀點，慢慢地發展出「與自然相結合的信念」。此法之前提是：「符合我們的理性」(agreeable to reason)。而所謂「符合我們的理性」，在普爾斯看來，只是「我們覺得我們傾向於去相信」而已。這個方法不免把問題的「追詢」淪為「品味的發展」(the development of taste)。從柏拉圖下及康德，都是這種形而上學的「先驗方法」(a priori method)，而這「先驗法」並沒有經過經驗的真正考驗(5.381–383)。我們可以看出，「先驗法」與普爾斯的實用學說，精神上有所違背，因前者缺乏實證實用的特質。

　　那麼，什麼是獲致「信仰」、享受「信仰」底舒服、滿足心境的善法呢？這就是實驗實證實用的「科學的方法」(the method of science)。要真正平息「懷疑」，所獲致的「信

仰」與「信念」，就得超越個人的喜惡，有更高的普遍性，並經由外在永久性的東西來決定，而只有科學的方法能達到這個境地。科學的方法的基本假設是:「真實的東西是實有的，它們的特性完全與我們對它們的意見無關。它們的真實性經由某些規律而影響及於我們的感官」(5.384)。對世界為「實有」這基本假設，普爾斯接著提出幾點說明。㈠研究的結果並不反證這個假設。㈡如果沒客觀存在的真實東西可論，那何來懷疑? ㈢人們在許多地方一直用著這科學方法，只是當不會應用於某處時才停止罷了。㈣科學方法在平息眾見上屢建奇功。換言之，普爾斯的「真實世界」是經由「科學的方法」所獲致的對世界的認知;豪斯曼(Hausman)稱之為「科學的實在論」(scientific realism)。

科學的方法，「是從已知的、觀察到的各種事實開始，然後朝向未知」(5.385)。普爾斯一方面說，「雖然我們對客體都有不同的感覺、不同的關係，但只要我們遵循視覺的規律，便可經由理性思考的能力去確定客體是如何的真，如何的實。每一個人只要對其所追詢的客體有足夠的經驗以及足夠的思考，將能達到真正的結論」(5.384)。一方面又說，在前述從「已知」達到「未知」的「追詢」過程裡，追詢者所實際應用的方法與思考，可能是好的，也可能是壞的，這就牽涉到邏輯的實際層面了(5.385)。換言之，普爾斯一方面認為經由「科學的方法」終究能獲致能為客觀實證的結論與真實，但同時也帶著其實用精神而指出過程中很易犯錯，甚至犯錯難免。後者，就是普爾斯有名的「可錯主義」(doctrine of fallibilism) ❺。科學的方法不但包括其積極

❺ 普爾斯對其「可錯主義」更在他處有淋漓盡致的發揮，闡述

的「真理可及」的信念，也同時包括其消極的「可錯主義」，失一而不可。否則，「科學」以及「科學的方法」就變成不會錯誤的萬能的神，而與事實不符了。我們可以從此看出「實事求是」是其實用學說不可或缺的精神。

關於科學方法，普爾斯在生前未發表的手稿「科學方法」（約1902），有步驟性的陳述(7.49–137)。他指出，「邏輯是方法的方法，是設計研究途徑的方法」(7.59)，而「當代的科學能夠比古代的科學優越，也是由於有更好的邏輯學」(7.60)。科學研究的實際步驟為①對所研究之問題有完整的一致的界定，建立一個適合此問題的數學程式。②審查所用之邏輯學與數學。③假如所研究之課題廣博，尚得改良其形而上學。④審察目前階段對研究對象已發掘出來的規律，並作假設(hypothesis)。「假設」是從理性直覺地發射出來的光芒，從混亂中找到秩序，暫時不必顧慮細節的準確度(7.79–86)。現代科學的精神在於求真的精神，對真理的愛(genuine love of truth)。「科學方法」包括對「假設」的「求證」(versification)，而所謂「求證」，也就是對這「假設」所帶來的結論與後果，公開地經由實驗的檢證(experimental tests)。而實驗的精神，在於不能預見其結果下進行，最多只是隨著對其「假設」有所信任以及相信實驗的結果將會如何而已(7.87–91)。科學的目的是尋求事實，並且建立滿意的理論來解釋它。當然，沒有實證科學的理論可以滿意解釋事實的所有面，並且比事實的複雜性簡單多，但這些理論可以幫助我們去分析它(7.96–98)。科學研究所用方法，包括「歸納法」(induction)、「演繹法」(deduction)，

其在隨興、連續性、及進化上，都有其功能(1.141–175)。

與「誘詮法」(abduction)(7.97)❻。三者在實驗科學上的運作及其關係，詳見本章第四節，為避免重覆，今不贅。

話說從頭，「追詢」是由於對原有「信仰」與「信念」的「懷疑」，其目的在「擺平眾議」，達到使人安居的「新信仰」。但普爾斯的實用精神，不容許走向「為懷疑而懷疑」的純粹主義。普爾斯的「懷疑主義」，有其實用精神的基礎；「懷疑」不是從「空」從「零」從「無」開始，而是從我們實際上已有的「信仰」與「信念」開始；而且，不是故意的去懷疑，而是在人們實際經驗裡，有感這些「信仰」與「信念」不符合現實。有這麼一個動力與目標，「懷疑」才有意義，「追詢」才有意義。普爾斯強調說：「必須有著真實的活生生的懷疑(a real and living doubt)，否則所有的爭論都只是閒話」(5.376)。一言以蔽之，普爾斯的信仰與懷疑說是在其實用精神之下觀照。

第三節　意義論與概念論

實用精神要求一切東西都得經過實證實用的檢證，雖然，這「實證」、「實用」、以及「檢證」的定義，可作既廣義復條件制約性的解釋。在此實用學說的精神下，「客體」(object)或「概念」(concept)的界定就不能離開這「客體」

---

❻　文中普爾斯用"retroduction"一詞，但誠如該冊編者註中所言，意指為「誘詮法」或「假設」。故筆者直接用「誘詮法」代之，以免另生枝節。「誘詮法」者，誘出假設之謂也。詳見本章第四節。

或「概念」使用者實證實用的層面，這也就是這「客體」或「概念」對使用者的「意義」。「概念」的「清晰」以及「概念」的「界定」都得牽涉到這「實證」與「實用」的層面；否則，其所達到的「清晰」與「認知」是不足的，是空談的。我們設想，普爾斯是在上述的實證實用精神下，在〈如何使我們理念清晰〉一文裡(5.388-410)，批評了西方哲學上尋求「理念」清晰的兩種方法，終而提出其最有名也最詞義艱澀的、以「意義」為中心的一八七八年「實用主義箴言」。而此「箴言」為普爾斯早期與後期「實用噠主義」的過渡。

根據普爾斯的說法，笛卡兒(Descartes, 1596-1650)改造西方哲學時，指出理念要「清楚」(clearness)。但他不知道「理念」看來「清楚」和實在「清楚」，有所不同。笛卡兒的哲學是先驗的理性主義，普爾斯在〈信仰的持執〉一文中已有所批評，謂其缺乏實證實用的基礎。笛卡兒也感到講求「清楚」，實有所不足，要講求「顯著不同」(distinct)，和其他理念分辨出來，才不會混淆。萊布尼茲(Leibniz, 1646-1716)據此發展，認為獲得「顯著不同」的方法莫過於仗賴「理念」的抽象的「定義」了。所謂「顯著不同」就是對「定義」所含攝的一切「內涵」有清楚的了解。然而，普爾斯謂，從「理念」的「定義」的分析入手，我們不會得到任何新東西。普爾斯把「清楚」及「顯著不同」分別稱為初階、二階的講求理念「清晰」的標準與方法。然而，經由對事物或理念之「熟悉」以獲得「清楚」，或經由對事物或理念的「定義」來獲得「顯著不同」，前者不免依賴隨遇的、表面的熟悉，未能得其普遍性，後者依賴抽

象的定義，未經實證的考驗，故兩者皆未能達到普爾斯所要求的有普遍性有實證基礎的知識。故所謂「清楚」，所謂「顯著不同」，有時更陷於一廂情願。因此，要有更高階「清晰」的標準與方法，得另闢途徑。這就是普爾斯底「實用主義箴言」所要達到的目標。其「箴言」如下：

> 要獲得第三位階清晰的了解，其規則如下：思考一下我們「懷想認知」(conceive)時我們「懷想認知的對象或客體」 (object of conception)可能會有的(might have)、能「懷想認知到的」(conceivably)、怎麼樣的、實際層面的(practical bearing)諸效應(effects)。那麼，我們對這些效應的「懷想認知」(conception)是為對這對象或客體的「懷想認知」(conception)的全部。(5.402)

普爾斯

我把原文的"conception"意譯為「懷想認知」，而最終的對「客體」的「懷想認知」就是獲得對此「客體」的「概念」(concept)，雖然「箴言」裡用的是「概念」底動態名詞"conception"。但其後普爾斯的註及「箴言」底一九〇五年的改寫則突顯了「概念」。普爾斯一八七八年「實用主義箴言」，在語法上有點模稜，語彙頗為複贅，詞義亦略有艱澀。講實話，上面的「箴言」真是費了九牛二虎之力、五易其稿才譯出來。我在中譯裡把所有原文用"conceive"（動詞）和"conception"（動態名詞）的地方都標出來，不僅為了準確，並且要強調普爾斯自言要表達的旨歸。普爾斯在該「箴言」註裡說，"conceive"和"conception"都源自*concipere*，並謂在「箴言」裡重覆用了五次其衍生字，目的有二：一為

指出他所說的「意義」(meaning)乃是指「知性的旨歸」(intellectual purport)，一為避免用「概念」(concept)以外的東西來解釋「概念」(concept)(5.402, note)。可見，這「箴言」實是針對「概念」而發❼。

現在回到「箴言」本身。首先，「箴言」的原來目的，是要獲得比傳統哲學及傳統邏輯所獲得的更為高階的清晰度，而普爾斯稱之為「第三階」。我們會問：是否有比這「箴言」所提供的更高階的「清晰」度？普爾斯一向反對「絕對性」，因為「絕對性」與「可錯主義」相違背(1.141-175)。也許，對普爾斯來說，「第三階」乃是目前知識領域所能達到的最高階。同時，我們不妨認為，普爾斯也不排除有更高階的可能，因為普爾斯「實用嚜主義」特色之一，就是容納「可能性」(possibility)。

「箴言」與「實用嚜主義」精神相通，在於其以「可能會有的、能懷想認知到的、實際層面的諸效應的總和」為「清晰度」的最高階，並以此為所「懷想認知」之「客體」或「概念」所含攝之「意義」。從「清晰度」轉為更明確的「概念論」及「意義論」，可充分見於一九〇五年普爾斯對此「箴言」之重寫：

> 為了去確認一個知性「懷想認知」(conception)底「意義」(meaning)，人應去考慮怎麼樣的、實際層面的、能「懷想認知」到的(conceivably)諸種「效應」會從這「懷想認知」到(conception)的「真實」(truth)裡經

---

❼ 事實上，普爾斯回顧時曾一度明言「箴言的目的乃是提供對概念(concepts)分析的方法」(8.191)。

由「必然」(by necessity)而產生。這諸種「效應」的總和即構成這「懷想認知」(conception)底「意義」(meaning)的全部。(5.9)

與前面一九七八年的「箴言」相較，主要的差別，是把重心從「如何獲得最高清晰度」移轉為「懷想認知」的「意義」理論。職是之故，學者們稱此「箴言」為普爾斯的「意義論」。一九〇五年的「箴言」，除了重心移轉為「意義」外，有三個地方值得注意。其一，諸「效應」是由「懷想認知」裡的「真實」產生，可見「懷想認知」有對錯真假而言，這與前節提到的「可錯主義」精神相表裡。其二，諸效應是「經由必然」(by necessity)而產生；所謂「經由必然」，就是在各種必然、客觀、無可避免的環境與條件的制約下，所不得不如此產生的意思。我們不妨稱之為實用主義的條件制約性。其三，一九〇五年的「箴言」把「懷想認知」的「對象或客體」除掉。我們前引一八七八年「箴言」註裡說，普爾斯謂用了五次與「概念」同一字根的衍生字，用意在於表彰其所說的「意義」實為「概念」底「知性的旨歸」。我們不妨認為，把「對象或客體」剔除，也是為了進一步強調其「意義論」乃是針對「概念」，針對其「知性的旨歸」，而非針對感官經驗的「對象或客體」。然而，把「對象或客體」剔除或暫時擱置，有失整個「懷想認知」過程的完整性。事實上，普爾斯於一九〇三年在一個以「視覺」(perception)經驗為出發點、中經「邏輯」，而下及「行動」的另一「實用主義箴言」裡說：

每一概念(concept)底諸要元經由視覺(perception)之
門進入邏輯(logic)的思維而經由有目的的行動(pur-
posive action)之門出去。如在這兩個關卡上拿不出通
行證，就會為理性(reason)所攔截，以其未獲批准故。
(5.212)

普爾斯一九七八年的「箴言」裡，謂吾人對某「對象或客
體」懷想認知終而產生此「對象或客體」之「概念」時，
有其實證實用的內涵，而於此一九〇三年「箴言」裡，則
謂「概念」底諸要元始自「視覺」、中經「邏輯」，而由「有
目的的行動」出去。兩「箴言」合而論之，「對象或客體」
同為「視覺」與「概念」之「對象或客體」，而「概念」始
於「視覺」。普爾斯認為，「視覺經驗」有其普遍性，蓋普
遍的法則能從其中推論出來，而「視覺判斷」(perceptual
judgement)也是「邏輯」推論的一種(5.181)。也許，我們可
以從這裡看到「概念」從其「懷想認知」的「客體或對象」
中形成的關鍵，即有賴於「視覺經驗」及「視覺判斷」所
含攝的「邏輯性」。「概念」底最後的關卡為「有目的的行
動」，這與一九七八年「箴言」所含攝的實證實用精神「懷
想認知」時對其「概念」的諸種實證實用效應之期待，可
謂一脈相承。

　　普爾斯在一九〇三年回顧一九七七年所提出的「懷疑
與信仰論」及一九七八年所提出的「實用主義箴言」時，
他把兩者更緊密地連接在一起。他設問說：有什麼可以證
明「概念」所擁有的可能的各種實用層面的效應與後效即
構成「概念」底全部內涵？然後回答說：「信仰」主要在於

有心地把自己相信的方針、概念、信念等作為「行動」的指導。換言之，為我們所「信仰」的命題，乃是我們行為的「箴言」(5.27)。總括而言，一九七八年的「實用主義箴言」雖說就「理念」底「清晰」問題而發，其著眼點實為「概念」（最少根據普爾斯事後的解釋是如此）；意謂「懷想認知」所能加諸我們身上實證實用實踐的各種可能效應與後效，即為「概念」底「內涵」及「意義」之全部；故即為普爾斯「實用噬主義」的「概念論」與「意義論」❽。

接著讓我們在下面對一八七八年「實用主義箴言」可能有的偏解與誤解加以澄清，並就普爾斯對這「箴言」的後續補正加以簡短論述，俾能見此「箴言」之終發展為全面的「概念論」。

首先，一九七八年的「實用主義箴言」會給人偏覺，以為所指為個人主觀的心理層面的運作。然而，普爾斯「箴言」所指的「我們」不是個別的個體所構成的我們，而是指人類的通體，故「箴言」所指陳「概念」的可能有的實證實用實踐旳效應與後效，不隨主觀與個體而改易，其適用範圍籠括人類的通體，即有其普遍性。普爾斯甚至稱這人類底善於實用實踐原則，為人類「進化」之所得(5.28)。其二，人們會忽略了「可能」這一個重要的詞彙。這些「概念」所引起的實證實用實踐效應與後效，只是一種「可能」，

---

❽ 普爾斯一度說：「實用主義為成功者所應用著。事實上，有效率與無效率者，其分野即在於此」(5.25)。雖然普爾斯這句話有失其「實用噬主義」的「中介性」與「條件可能性」，但可以看到普爾斯對其學說所帶來的「實用」與「實踐」上的期盼。

故「箴言」不能被視作屈從經驗與實際發生的必然性的經驗主義(empiricism)或「實證主義」(positivism)。普爾斯曾補充說,「我們要思考的不是『我』的經驗,而是『我們』的經驗;而這『我們』有無限的「可能性」(5.402, note2)。其三,「箴言」會給人偏覺,以為從「概念」到「行動」是乘坐直通車,忽略了其中的「中介性」與「條件性」。在「箴言」被提出的〈如何使我們理念清晰〉一文裡,普爾斯指出「思想」的功能是在人們身上產生「行動的習慣」。換言之,「概念」與實際「行動」之間,有著「習慣」作為「中介」。而「習慣」能夠成為實際的「行動」,則尚賴於「何時」與「如何」,即尚賴於所謂時機與際遇是也。普爾斯學說最精闢之處,是指出「習慣之付諸行動,不僅僅在於說,在某種境況下,習慣看來會引導我們去行動,而是在於說,某種假設的條件下,習慣會指引我們作何種的行動,無論其看起來是如何的荒謬不當」(5.400)。換言之,這是一個邏輯「條件性」的「可能」。對此「邏輯條件性的可能」,普爾斯屢有發揮。普爾斯在後期把其實用學說和現象學與記號學等領域連接,把「概念」定性為「存在的形式」的第三度(thirdness)。「概念」不僅僅是「感覺」(即「第一度」),不僅僅是「存在的事實」(即「第二度」),而是「第三度」的「條件性的可能」(would-be)(5.467)。普爾斯說:「實際產生的種種,其加起來之總和,無法完成填滿一個『條件性的可能』所能含攝者」(同上)。接著,普爾斯以類似「箴言」式的語言陳述其「條件性的可能」理論,謂:

任一知性概念(intellectual concept)底謂語(predica-

tion)，其意義(meaning)在於確認(affirmation)；即去確
認說在可想到的諸境況下，其主詞(subject)會依某種
行徑而行事；或者說，在某種經驗處境下，其謂語所
表達者為真。(5.467)

原來，根據普爾斯的看法，「概念」是用「句子」的形式來
表達，由「主語」及「謂語」構成。「主詞」即為此「概念」
所界定之「主體」，「謂語」即為對「主體」所作之陳述(2.
328)。「謂語」的功能，在於「確認」。為什麼普爾斯用「確
認」一詞？所謂「確認」，乃只是聲明所述為真。但是否為
真，則是另一回事。換言之，「謂語」所作的陳述，只是一
種聲明所述為真而已。在「實用噻主義」的觀照下，「概念」
的「謂語」去聲明什麼為真呢？去聲明下面的一個條件性
的可能行為：在可想到的諸境況下，「概念」的「主體」會
依「謂語」所述的某種行徑而行事。換言之，「概念」所指
陳的只是一個「條件性的可能」(would-be)。「概念」的「謂
語」只是一種「確認」，一種「聲明為真」，這種我們可稱
之為對「經驗主義」與「實證主義」的「解構」立場，在
其另一「箴言」式的陳述裡，有更鞭辟入裡的見解。普爾
斯說，「用陳述語態來表達的任一理論性的判斷⋯⋯不外乎
去加強認證一個與它相平行的實用層面上的金科玉律。故
實質上是用條件句來表達，而這條件句的結論還用命令語
態來表達」(5.19)。普爾斯幾乎否認了陳述語態的可能性，
陳述語態只是條件語態的偽裝，而條件語態的結論部分，
甚至是命令語態的，即帶有勉強制約性的，非必然如此的。
而普爾斯認為，「實用噻主義」的精神，即指出一切「概念」

與「理論性判斷」，實質上只是實證實用範疇的偽裝，而實證實用範疇是用條件句來表達的，即離不開其不可避免的條件制約性。所謂「結論是用命令語態來表達」，乃是指陳出從「概念」到「行動」的路上，不但有其「中介」與「條件制約」，尚有「勉力而為」的成分。普爾斯的「實用噢主義」在「知」與「行」的合一的關係上，實有其不可磨滅的貢獻。

　　最後，「箴言」裡所說的「實際層面的諸效應」，在普爾斯「實用噢主義」裡，有無限的擴展，以致幾乎無所不包。普爾斯說：「如果每一個懷想認知(conception)都是對可懷想認知的實際層面的諸效應的懷想認知(conception)，那麼實用噢主義使得懷想認知(conception)遠遠超越了實際層面。它容許想像的飛翔，只要這飛翔最終停駐在可能的實際效應上；同時，很多一眼看來便給這實用主義箴言所排斥出去的各種假設，並沒有真正被排斥出去」(5.197)。普爾斯一再強調「實用主義箴言」可應用於任何事物，故其所涉實可包括整個人文領域，而與現象學及記號學也有所相通，前已略及。總而論之，「實用主義箴言」最初針對「懷想認知」(conception)的「清晰」問題而發，接著與「懷想認知」的「意義」相掛鉤，成為「意義論」，最後在不斷澄清、補正中而發展為全面的「概念論」。亞普爾在其書的再版〈自序〉裡說，如果他從頭再來研究普爾斯的「實用噢主義」，他會從其記號學入手。(這句話頗有使人深省之處。)事實上，普爾斯在早期的學術生涯裡，對「記號學」及「實用學說」都同時進行。在其後約二十年裡，兩者都同時大致被擱下，然後又終於同時被重拾起來研究。普爾

斯曾回顧說,「實用主義箴言……是建立在對記號的本質的精心研究上」(8.191)。我們不妨認為,普爾斯在早期裡未能把兩者連接在一起,而在後期裡,則明確地搭起橋樑。而一九七八年的「實用主義箴言」終於在晚期發展為全面而繁富的「概念論」。

第四節　誘設法與實用噬主義邏輯

　　普爾斯於一九〇三年的哈佛系列演講裡,即在〈思考模式〉(5.151–179)和〈實用主義與誘設法〉(5.180–212)二文,謂「實用噬主義的問題,也就是誘設法(abduction)的問題」(5.197)。換言之,「實用噬主義」與「誘設法」這個邏輯問題密不可分(5.196)。然而,什麼是邏輯上的「誘設法」?它為什麼與「實用噬主義」互為表裡?

　　「誘設法」是筆者的中譯,其義為從觀察到的各種資訊中用觸類旁通的洞察力,從這些觀察中「誘出」能對所研究的現象作出解釋性「假設」的邏輯法。我上述這個「中譯」與「界定」是根據普爾斯"abduction"理論的全體而作出的。對普爾斯來說,「誘設法」與其他二種人們所熟悉的「歸納法」(induction),與「演繹法」(deduction)在邏輯領域上鼎足為三,而且只有「誘設法」能帶給人們新發現(5.171),而所有「科學」的進步與發現皆賴於此「誘設法」(5.172)。普爾斯說:

　　　「誘設法」(abduction)是形成一個解釋性的「假設」

(hypothesis)的過程。它是唯一能導出新觀念的「邏輯運作」(logical operation)。「歸納法」(induction)只是去決定一個「假設」的有無價值,而「演繹法」只是僅僅推出一個純「假設」的必然的後效而已(5.171)。「演繹法」證明出某些東西「必然是」(must be)。「歸納法」表陳出某些東西實際上(actually)運作著。「誘設法」僅僅提議說某些東西「可能是」(may be)。(5.171)

從上述的引文裡,可注意者有三。其一,「誘設法」是唯一能產生「科學」發明所賴的「假設」。其二,「誘設法」是一種「邏輯運作」。其三,「誘設法」與「歸納法」及「演繹法」功能不同,隸屬不同的範疇世界。

哈佛系列演講偏重理論而艱深,而普爾斯在較早(約1901)名為《古代文獻中徵引邏輯》的一章裡(7.162–255),把「誘設法」、「歸納法」及「演繹法」圍繞著「實驗科學」(experimental science)而加以具體的說明,有助於我們對三者的關聯有所了解。普爾斯在手稿中說,當事實和我們的期待有所相忤時,我們就需要一個「解釋」(explanation),而這「解釋」也就是一個能對這事實加以預測的「命題」(proposition)。這時,我們就需要選用一個看起來可能恰當、很可能符合事實的「假設」(hypothesis)。這根據事實而採用某「假設」的步驟,就是「誘設法」。同時,「誘設法」可被辨認為一種「推論」(inference),並有其所據之邏輯。得注意的是,經由「誘設法」所採用的「假設」,是一種「以觀後效」(on probation)性質的採用,必需加以驗正(7.202)。「假設」採用以後,就得要把這「假設」所含攝的必然的

與照理可能的(probable)經驗上的後效勾劃出來，是謂「演繹法」(7.203)。接著，就得把從「假設」演繹出來的預測經由「實驗」(experiment)加以檢正，把「實驗」的結果與預測相較，以辨此「假設」之真偽。這過程所作之推論，是謂「歸納法」(7.206)。換言之，普爾斯把邏輯上的「誘設法」、「演繹法」與「歸納法」與「實驗科學」連接一起，並指出此三邏輯推理在「實驗科學」實踐上的先後次序與關係。也許，我們在這裡不妨重溫一下這三種邏輯推論的簡單定義。「演繹法」是從「類屬」推及其所含攝的「個體」，是從已知或假設為真的「前提」引出「結論」來。最簡單而經典的例子，莫如：①凡人皆死（大前提）；②某某是人（小前提）；③故某某必死（結論）。「歸納法」是從類屬中的「一些個別的例子」而推論出此類屬的「通則」，是從「已知的事實」推出其「抽象的命題」。簡單的例子：①某某是人，死了；另一某某是人，死了；②結論的命題為：凡人皆死。至於「誘設法」的邏輯形式，先賣個關子。似乎，普爾斯把「歸納法」用諸「實驗科學」時，似乎重點不是指陳由具體到抽象的過程，而是抽象的命題與假設經由實驗、經由具體的事實的事例證實之。普爾斯的邏輯學非常深奧，他隨後設想別人對其理論的懷疑，並辯護說，「演繹法」是必然的推理，其所及在於「照理可能」(probability)，其用意不在指向實證的知識，而在於演繹出「假設」最理想的後效。「歸納法」所得之結論，雖與其所據的諸前提並無什麼關係，但其結論可經由不斷的應用而終達真實的知識(7.207)。

接著，普爾斯再把「誘設法」與「歸納法」及「演繹

法」從「實驗科學」的角度加以比較。普爾斯首先指出，「誘設法」和「歸納法」其目的皆在導致「假設」之被接受：所觀察到的客觀事實為如此，並就此推論為這「假設」所指陳的必然的或照理當然的結果與後效。然而，他同時指出，兩者有先後次序及功能上皆互為對立。「誘設法」居先，從客觀事實開始，找尋解釋這事實的理論，而作「假設」。「歸納法」殿後，從「假設」開始，經由「實驗」，而證明「假設」所預測指向者。「誘設法」只是一個「提示」或「建議」，而「歸納法」則為「證實」。最重要的差異是，「在誘設法裡，提示的模式，也就是所知事實提示出假設所賴的關係，在於「類同」(resemblance)——即所知事實與假設所含攝之結果相類同。在歸納法裡，假設提示的模式，也就是假設提示出可作參證的事實所賴的關係，在於「毗鄰」(contiguity)——即我們擁有的熟悉的知識告訴我們假設的諸條件可以經由某些實驗的方法進行」(7.218)❾。換言之，「假設」及作此「假設」所賴的已知「事實」為「類同」關係，「實驗」時所設計而觀察到的「事實」與經由此「實驗」而要證實的「假設」為「毗鄰」關係，即具體的例證與廣延的抽象理論的「毗鄰」關係。這個「類同」關

❾　「類同」(resemblance)與「毗鄰」(contiguity)兩種關係兩兩對立，使我們聯想到採納了普爾斯某些「記號學」觀念的雅克慎(Roman Jakobson)，即用這個相對組來解釋語言的兩軸運作及以「類同」原則投射於「毗鄰」原則而形成的二軸說及「詩功能」原理(poetic function)(雅克慎的理論請參拙著《記號詩學》第一部分第四章)。此外，此段譯文裡，為了可了解之故，筆者增加了若干解釋性的字眼。

係，英文只能用"analogy"、"resemblance"、"similarity"等字眼，遠不及中文的「觸類旁通」之得其旨歸，故筆者用「觸類旁通」以闡述之。普爾斯總結說，無論「歸納法」及「演繹法」都無法帶來新的真理，它只能從「誘設法」而來；然而，「誘設法」只是一種「猜擬」(guessing)。雖然猜擬無涯無盡，但我們的「希望」(hope)、我們的「心志」(mind)經由有限的「猜擬」，能猜擬到真實不虛的「解釋」。隨著這個「希望」，我們的向前建構我們的「假設」(7.219)。這個結論是普爾斯特有的前景式的結尾。

「誘設法」能不能稱之為邏輯的推論？普爾斯認為是，而且在哈佛系列演講裡，更稱「誘設法」能把「邏輯回歸於人類心志的不可控御、未經批判的部分」(5.212)。然而，很多邏輯學者則不承認「誘設法」及其獲致的「假設」為邏輯推論，而僅承認「歸納法」及「演繹法」為合法的邏輯(Anderson 29)。那麼，我們就不得不探求一下「誘設法」的來源及其「邏輯」形式了。

「誘設法」的源頭來自亞里斯多德，而普爾斯則加以批評、改易、發展而成自己的理論。普爾斯認為，亞里斯多德在闡述了" *epagogue* "（英譯induction；中譯歸納法）之後，在接著的一章即標出"*apagogue*"（普爾斯英譯為ab-duction；中譯為「誘設法」）；兩字平行，故「誘設法」應為與「歸納法」相平行對待的邏輯形式。普爾斯認為，「歸納法」含攝著一個「三段式」(syllogism)，但「三段式」中的「小前提」，也未嘗不有時是從另兩個「命題」（按即「大前提」及「結論」）裡「推論」出來的，而這就應是"*apagogue*"（按：即誘設法）之所指(7.249)。安德遜認為，普爾斯據

此發展為其創造發明所依的「誘設法」，即：接受或者創造一個「小前提」，以便假設地解決作為一個「大前提」為已知而「結論」為所見事實的「三段論」，而這「小前提」及「三段論」的通體，都只是臨時性質的(1987:15)。此外，我們得注意，亞里斯多德是把「誘設法」置入「平行喻況」(analogy)的範疇(7.249)，或為前引普爾斯言「誘設法」所賴為「類同」原則之所據也。

現在回到本節開頭所引自的哈佛系列演講。普爾斯在此提出似乎更簡陋更原始的邏輯形式，來解釋其「誘設法」。他說「誘設法」所賴推論，其形式如下：

使人驚訝的事實C給觀察到。

如果A是真，則C會理所當然為真。

那麼，故有理去懷疑、猜想A是真。(5.188)

「使人驚訝」一用語，使我們聯想到普爾斯的「懷疑與信仰」論所說的「活生生的懷疑」。因其為「使人驚訝」，因其為「活生生的懷疑」，才促使我們去解釋它，去「創意地」解釋它。普爾斯一直強調「誘設法」帶來新觀念，也就是創意地去解釋它。普爾斯一回引用UFO（不明飛行物）作例子，如果觀者看到不明的飛行物，不產生驚訝，不產生懷疑，只以為是誤看或只是軍方研究的新機種等，就不會產生UFO來自外星人及其他創意的假設與觀念。換言之，這就不是用「誘設法」的思維方式。上面所引「誘設法」邏輯形式的第二個句子，是邏輯性的條件句，並且是用假設語態來表達。換言之，A與C間的關係，是邏輯上的假設

條件：A真則C真。但整個命題（A真則C真）只是一個邏輯上的可能，是否與事實相符，則超出了「誘設法」的範疇，更遑論A是否可證為真了。這裡的"A"只是一個「假設」(hypothesis)，而「誘設法」的功能只是誘出「假設」而已，「假設」之為真偽則待牽涉到歸納法與演繹法的實驗及推論程序。故普爾斯接著說，「誘設法」只是對事實的解釋提示出一個可能性(possibility)，故對「假設」之與「事實」是否相符，無傷「誘設法」本身誘出「假設」的功業(5.190)。

從上述短暫的闡述裡，我們會發覺「誘設法」的邏輯形式，有其廣闊的開放空間，有其相當大的不確定性，甚至錯誤性（請讓我們回想一下普爾斯的「可錯主義」精神）。也就是這個邏輯的「弱」形式，使得「誘設法」能夠產生新意與新發現，能達到「歸納法」與「演繹法」所不能達到者，雖然「誘設法」的創意與發現大業，尚得賴後二者才能竟其全功，有如前所述及。普爾斯強調說，雖然「誘設法」不為邏輯規律所礙，它確是一個邏輯的推論，並有其自身的邏輯形式，而其所獲致之結論只是猜擬性的，問題重重的(5.188)。

普爾斯指出，科學上確實有所真發現，而這些發現皆源於「誘設法」。在成千上萬的可能「假設」裡，科學家能在十來個的「猜擬」裡，就敲到對的「假設」，不能歸諸「偶然」(chance)，而是源於人類的「洞察力」(insight)，而擁有「洞察力」是人類的「本能」(instinct)，甚至可稱為人類「進化」的結果(5.172–73)。普爾斯對「洞察力」及「本能」作了平實但卻是真知灼見的觀察。普爾斯謂，所謂「洞察力」，是指人類的心志切入「第三度」世界的能力，切入「自

然」的一般通則的能力。人類的「洞察力」沒法「強」到「對」多於「錯」，也不會「弱」到壓倒性地「錯」多於「對」。「洞察力」之作為「本能」，與動物性的「本能」相類，以其不能為我們所知會故，以其如「本能」之能「犯誤」故。普爾斯更讚歎說，這種又不全「對」又往往能「對」的境地，真是人類的奧妙的構成(5.173)。人們常常說：這看來有理呀！正反映著講求「有理」是人類的本能(5.174)。總括而言，「誘設法」一方面是「邏輯的運作」，「講求有理」，一方面是人類「本能」所擁有的「洞察力」，故能切入「自然」背後的通則與規律，並加以掌握。

　　特別值得注意的是，在哈佛系列演講裡，「誘設法」是在「視覺理論」裡闡述的。普爾斯首先指出任何「認知」與「視覺判斷」(perceptual judgment)不可分割，而「視覺判斷」含攝著普遍的東西，故通則性的「命題」能從其中推論出來。接著，普爾斯指出，「誘設法推論層層暗入視覺判斷中而於兩者之間不留下突出顯著的分別線」，並謂「視覺判斷」可視作「誘設法推論」的激烈模式云云。然而普爾斯接著謂兩者究有分別。「誘設」的暗示或提示有如靈光一閃般呈現在我們眼前。「假設」中的東西原已在我們腦中，但這靈光一閃就把我們從未夢想到的統一性呈現出來讓我們沈思。它是「洞察力」的運作，而其「洞察」非常容易犯錯。「視覺判斷」則是「視覺」過程的結果，而這個「過程」並沒有充分有意識地為我們所控御，也就是說屬於潛意識的運作。普爾斯接著把兩者聯結一起，說：「如果我們把這個潛意識的運作過程給予邏輯分析，這分析將終結於其能以誘設法推論所表達者」(5.181)。普爾斯同時指出，

「視覺判斷」是所有批評性的、控御性的思維裡的起點或前提（同上）；那麼，「誘設法」的運作應在「視覺判斷」之後，雖然後者能「層層暗入」前者中，而不產生明顯的界線。

安德遜把「誘設法」看作是普爾斯底科學及藝術創造之源，對「誘設法」作了通盤的探討，也評論了前人對「誘設法」之攻擊。其中有幾個觀念特別值得參考。其一，他指著「誘設法」雖與「直覺」(intuition)相類，但「誘設法」擁有的「洞察力」需來自「中介」，來自已知知識及所處範疇的「中介」，與「直覺」之不經「中介」者不同(37–38)。其二，他認為普爾斯雖說科學的發現並非來自「偶然」(chance)，但其哲學承認「偶然」在「進化」過程上扮演了角色，而「誘設法」的「弱」邏輯，在「偶然」與「邏輯的決定主義」間開放出了「中介」的空間(29)。其三，就普爾斯的「現象學」範疇，他恰當地明確地把「誘設法」界定為「三度中之三度中之首度」(a first of a third of a third)。「誘設法」作為一個「思維的形式」而言，它屬於「三度」。「誘設法」作為科學的「實驗主義」中的一個環節，它更是「三度中的三度」。然而，「誘設法」作為感官的思維形式，而其指涉僅是一個「可能」(possibility or may-be)，它屬於「首度」，有其「首度性」。故總而言之，「誘設法」在其雙重的「三度」裡擁有其「首度性」(41)。所謂「三度」者，「通則」及「中介」之思維屬性也，而「首度」者，則為開放的、不穩定的、可能的屬性也。

最後，為什麼「誘設法」與「實用嚨主義」幾乎互為表裡？普爾斯謂，如果「實用主義箴言」是對的，那麼就

不必再定任何規律作為「假設」的接納標準，而「誘設法」就是「實用噬主義」的「邏輯」層面。而根據「實用噬主義」的精神旨歸，「誘設法」不能再接受任何足以限制它的規矩，以免對我們應如何去規範我們的實際行為這一「追詢」有所阻礙(5.196)。換言之，「誘設法」不僅用於「科學」，而用於任何「追詢」，以求創意，以求發現，包括我們行為的自我規範，故其與「實用噬主義」相表裡。尤有甚者，普爾斯反對窄義的邏輯，提倡邏輯的實踐面。傳統的邏輯，即三段論式的邏輯，僅及於我們心志能控御的局部，而這局部只是我們本能心志全體的一小部分而已。邏輯必須回歸到實踐上，「只有在實踐中，邏輯的動力(energy)回到人類心志的未經控御(uncontrolled)、未經批評(uncriticizable)的諸局部」(5.212)。換言之，「誘設法」能開發我們心智裡未經或未能控御、未經或未能批評的諸局部。誠然，普爾斯「實用噬主義」的旨歸是走向一個不斷開發、不斷創意、不斷進化的世界。在哈佛系列演講裡，普爾斯對「假設法」的探討，歸結到上一節已引用過的一個「箴言」裡：「每一概念(concept)的諸要元經由視覺(perception)之門進入邏輯(logic)的思維而經由有目的的行動(purposive action)之門出去」(5.212)。引文中之「邏輯思維」也就是以「誘設法」為主導而輔以「歸納法」及「演繹法」的邏輯運作，始與「視覺」（客觀所觀察到的世界）而終與有目的的「實踐」相掛鉤。

第五節　批評性常識主義

　　「實用嚜主義」如何面對為我們熟稔的所謂「老生常談」? 所謂「常識」? 這些從古及今、傳之久遠的經驗遺產? 普爾斯在〈批評性常識主義的六種識別〉一章節裡，稱其「批評性常識主義」為「常識主義」的一流派(5.439)，意味著其尊重為我們一直遵從的「常識」，同時又列出六種特性，以別於傳統的「常識主義」，並為其「批評性」一詞加以驗明正身(5.439–5.452)。亞普爾指出，「批評性常識主義」一詞正含攝著雷德(Thomas Reid, 1710–1798)的「常識主義哲學」(philosophy of common sense)和哲學上的「批評理論」（包括英國「實證主義」的批評態度及康德的批評哲學）兩者的對抗及調和(1981: 183)。普爾斯在提出其「批評性常識主義」六種特色之後，在接著的另一名為〈批評哲學和常識主義哲學〉一章節裡，他假設一位人物Y博士對其「批評性常識主義」一詞，加以詰難。謂「常識主義哲學」堅稱無論「批評」永不厭倦，但終有所止，故所留下之未經批評的信念與信仰遂必得被認作「真實」。而「批評哲學」對此則無法認同，謂不能以其未經批評遂認作真實，並堅持需對所有「首要原則」(first principles)加以批評後，奠基於這些「首要原則」上的論說才得以提出(5.505)。「常識主義哲學」和「批評哲學」這兩種互為矛盾之學說，如何能合在一起? 普爾斯根據他所提出的「批評性常識主義」六種識別點❿，直接或間接地答覆了這些詰難。簡言之，「懷

疑」不能是「紙上工夫」，應是「活生生的懷疑」；言下之意，「懷疑」不能從「零」開始，是從「中間開始」，也就是從尚未懷疑尚未批評的「命題」與「結論」開始，故得承認有「不可置疑」的「命題」與「結論」。同時，這些「命題」與「結論」有著「模糊」(vague)的特性，也就是「未確定性」(indeterminate)，其涵義等待著進一步的確定，故能容納進一步之拓展，而其「批評性常識主義」有別於傳統的「常識主義」，雖批評了「批評哲學」卻又與康德的「批評哲學」有所私淑，故其「批評性常識主義」乃是名實相符云云(5.502-5.532)。

現在讓我們根據〈批評性常識主義的六種識別〉(5.438-5.452)章節，旁及其後闡述前者的〈批評哲學和常識哲學〉(5.505-5.525)章節，就普爾斯所提出的「六識別點」逐條略論之。

識別點之一：「批評性常識主義」接納「不容置疑」(indubitable)的「命題」(propositions)和「推論」(inferences)這個觀念。所謂「不容置疑」，也就是「超乎批評」(acritical)之意(5.440)。「理性思考」(reasoning)是一種有意識的、自我約束的行為，但「約束」之後有「約束」，「批評」之後有「批評」，可謂永無止境。然而，在實際裡，不可能無「始」亦無「終」。因此，「除了視覺判斷外，尚需有屬於原則性、可重覆出現、作為開首的（以其未經批評故為不容置疑）諸信念，以及不容置疑的、超乎批評的諸推論」(5.442)。

---

❿ 在〈批評哲學和常識主義哲學〉一章節裡，普爾斯把六種識別合併為四種。即把前三項合為一，並以第四項（即模糊性）居首要。

換言之，普爾斯從「實用嚕主義」出發，認為各種「追詢」(inquiry)必須從「有」出發，從「已知」出發，也就是必得從一些「命題」或「推論」開始；這些「命題」或「推論」是「超乎批評」，「未經批評」、「不容置疑的」，否則，「追詢」就無法進行。在其後闡述的章節裡，普爾斯補充說，不容置疑的諸信念，也就是前述的「命題」與「推論」，有其極度的「模糊性」(vagueness)，也就是極度的「未被確定性」(indeterminacy)，可稱為「先驗的」(*a priori*)東西，不必賴經驗與知性的證實(5.507)，而這些不容置疑的諸「命提」，必須看作是最深遠(ultimate)的「前提」，不必等待準確的證據(5.515)。可注意的是，普爾斯以這些「命題」或「推論」的「模糊性」為主要特性，並且不贊同對這些「命題」作「準確」(precise)的「實證」，因為普爾斯認為什麼「命題」都經不起「準確性」的實證，而任何「準確性」的實證都無法不被理性所懷疑(5.515)，這也就是「不容懷疑」、「超乎批評」、「未經批評」三者對普爾斯而言是一體之眾面而已。這反映著普爾斯的「實用嚕主義」的精神，不偏向絕對主義。事事懷疑，事事徹底批評，要求絕對「準確」無瑕，則永無止境，實際的「追詢」從何得以開始？換言之，如果我們降低整個論述層次，我們不妨認為，普爾斯認為我們世襲下來的「老生常談」與「常識」，「不乏」這些不容置疑的、可作為「追詢」的前提或出發點的「真理」在：即不妨從未引起我們「懷疑」的「常識」出發。

識別點之二：傳統的「常識主義」者認為可以對這些不容置疑的「前提」或「信念」作一個完整的「清單」，並且認為此「清單」從人類之祖到今日皆為真。普爾斯初不

以為然，以為這些「前提」與「信念」會逐年而變。但經過追詢研究之後，其結論是：「代與代間，其改變雖非完全觀察不到，但其改變甚微」(5.444)。換言之，不容置疑的「前提」與「信念」，在及於今日的歷史的長河裡，變易不大，即有其「常」、有其「持久性」。這第二識別點，實是第一識別點的補充而已。然而，我們會問，這理之「常」是否可歸諸於人類之「本能」？這理之「常」在科學日新月異的今日是否仍為「常」？是否可作出斷代的分野？這就進入第三識別點了。

識別點之三：傳統「常識主義」者把原初的「信念」以及超乎批評的「推論」歸諸於人類的「本能」。普爾斯對此並不完全認同。普爾斯指出「本能」能某程度地改變，並且「本能」最少有一半的機會判斷錯誤(5.445)。普爾斯此處認為「本能」能有所變易，比較特殊，應與其所持進化的宇宙論有關。普爾斯進一步指出，傳統「常識主義」者未能體認到下面事實:「只當它們用諸於與原始的生命型態相若的事物上，這些信念才保有其不容懷疑性」。普爾斯指出，在科技的領域裡，情形就不一樣，很多信念被推翻，而且，很多看來像來自「本能」的結果，但實證裡卻非如此，而法律、教會等機構，也扮演著一定的角色云云(5.445)。這點讓筆者想到社會進化的分期（如馬克思把人類社會之進化，分為原始社會、手工業社會、資本主義社會、社會主義社會）以及生命型態上的分類（如與「本能」聯結較密的體質上的生活層面，到與「知性」高度發揮的思辨性的生活層面等）的問題。總之，此識別點乃是第二識別點之所謂「常」的澄清與補正。

識別點之四：普爾斯強調此識別點為與傳統「常識主義」主要不同之所在，也是普遍為學者們所關注的識別點。普爾斯堅稱，「超乎批評地不容置疑的東西必為不可更易地模糊(vague)」，並謂「邏輯」家從沒對「模糊」認真分析過。普爾斯先指出，任一「主體」有其「已確定」(determinate)的一面，其餘則為「未確定」(indeterminate)。所謂「已確定」乃是就此「主體」對其所含攝之某一「特性」(character)或此「特性」之「負面」(negative)而言：如果此「特性」已含攝於其內或已含攝於其「謂語」裡，則為「已確定」，此外則為「未確定」。普爾斯即進而以此「未確定性」來界定其「模糊性」。然而，「未確定性」可有兩種，一來自「通性」(general)的對象，一來自「模糊」的對象。普爾斯給予前者的例子是：「人會死」，而這「命題」落實於何人，則尚待進一步「確定」。換言之，其「未確定性」乃是指「通性」落實為「具體事例」時所有的「未確定性」。普爾斯給予後者的例子是：「我不擬指陳的某人看來有點自欺」。其「未確定性」來自本身，這個「話語」可能暗指當前的「受話人」，也可能不是。也許，最值得我們玩味的，是普爾斯對「模糊」所作的闡述：「一個在某方面上客觀地未確定的記號乃是客觀地模糊，即意謂這記號對其進一步的確定，保留給其他可懷想到的記號；最少，它並不指派其解釋者為其代理人」(5.447)。似乎，解釋權是回歸到「話語」本身，回歸到「話語」所在「語言系統」本身。此點，與當代自結構主義以來的觀念最為接近。然而，普爾斯接著說「只要記號是這種不確定，就是模糊，一直及至它到達為群性所共守的通性上」(5.447)。總而論之，可注意者有四。

其一，其「模糊性」可「客觀」認知。其二，其「模糊性」所含攝的「不確定」的局部與層面，可經由進一步又進一步的「確定」。其三，其最後「確定」所達到者，乃是「為群性所共守的通性」上。這個「通性」應與前述「通性」不同，應指近乎柏拉圖所認知的不變的「理念世界」所表達的「通性」。但此又與柏拉圖不同，因此「通性」並非「本體論」的範疇，而只是「為群體所共守」，充其量是科學實驗主義裡所表陳的為科學「群體」共同遵守的「真實」或「真理」而已。同時，第二及第三項綜而論之，使我們想到其「記號學」上記號的「無限衍義」(unlimited semiosis)一理念，及普爾斯慣有的「未來主義」；這些觀點實是互相輝映，互為界定。其四，「記號」是否授權給「解釋者」以作「權威」的解釋的問題。普爾斯認為，「模糊」的「記號」，不作此「授權」，也就是沒有個別的「權威」的解釋；其最終有的，其最終足以把各種「不確定」可以「確定」者，乃是當時「群體所共守」的通則而已。即以「群體」、以「機構」(institution)為作「解釋」為最後堡壘——但這最後堡壘在普爾斯的「進化論」裡，仍不免是暫時的一個句點而已。在〈批評哲學和常識主義哲學〉裡，普爾斯加上「經驗」一因素，謂「模糊」性的「記號」，將進一步把「不確定」處加以進一步「確定」的功能保留給其他「記號」或「經驗」以完成之(5.505)。我們不妨認為，「經驗」與「記號」有著若即若離的「中介」性的關係。普爾斯更從另一角度來界定及辨別「通性」的「不確定性」，以及「模糊」的「不確定」，謂凡是「排斥性居中原則」(the principle of excluded middle)無所發揮之處，即為「通性」，凡是「矛盾原則」(the principle of contradition)無可用武之處，即為「模糊」(5.448)。所謂「排斥性居中原則」大概是指三段論中的「小前提」應為「排斥性」的「小前提」，但「通性」記號裡如前引「人是會死」，其「小前提」可指陳實際上的任一個體。另一方面，如聽從尊便的「解釋」不必為「真」也不必為「假」，也就是「真」與「假」不兩立的「矛盾原則」無從應用之際，即為「模糊」(5.448)。稍後別處普爾斯所提「模糊」的例子，則為：「動物（模糊的意義而言）既非雌也非雄」(5.505)；在此「雌」與「雄」的矛盾對立無所用力之處。從這些例子裡，可值得注意者，是普爾斯似乎對「二元對立」(binary opposition; 瑟許(De Saussure, 1857–1913) 的結構主義最根本的概念) 一方面有所遵從，一方面又見其局促。最後，普爾斯強調，不是我們以「準確」來去除「模糊」底「殘留」的努力不足，而是：其「模糊」性乃是內在的(5.508)。換言之，以其為「模糊」，以其有「不確定性」，故須尚進一步「確定」，故「記號」或所探求之「對象」能永遠衍義下去，能永遠探討、發展下去；「記號」的「模糊性」，實是「進化」的動源。置入批評性常識主義裡，吾人得謂老生常談或常識擁有若干程度的「通性」與「模糊性」，有其進一步確定、補正、發展的空間。

識別點之五：「批評性常識主義」賦予「懷疑」崇高的價值，但這「懷疑」必須是「高貴而有份量的」，不是「虛偽的」、「紙上功夫的」(5.451)。對這識別點，普爾斯闡述甚為簡賅；我們在這裡也不必細述，因為這個「懷疑」理論已在本章第二節裡，有詳細的闡述。不過，普爾斯在這裡更樸實地指出，經過徹底的審視與實證之後，批評性常

識主義者「才會宣稱某信念為不容置疑」；即使經過如此實證，他仍相信「這些不容置疑的信念可能是錯的」(5.451)。最後一句話，又使我們想到普爾斯科學實證主義裡的「可錯主義」。這識別點似乎與第一識別點互相矛盾，其實不然；第一識別點之承認有「不容置疑」的「命題」與「結論」，是作為「追詢」不得不有的先驗的「前提」而言，否則「追詢」無從開始；而第五識別點，則是指基本上什麼理念都可「懷疑」，甚至已實證者亦如是，但此「懷疑」必須是「活生生的懷疑」，並且是從「已有」開始；而既從「已有」開始，就不得不承認有「不容置疑的前提」作為「追詢」的起點。換言之，兩者處於不同的境地。落實到常識主義的層面，即認為諸種老生常談及常識是可置疑的，可錯的，而「懷疑」是非常重要的，因有「懷疑」才有「追詢」，才有「實證」，才能對老生常談及常識有所驗正。

　　識別點之六：普爾斯以「批評性」為第六識別點。普爾斯謂其「批評性常識主義」可謂名副其實，蓋其「批評性」有二大項。其一，「它對自己學派本身、傳統常識主義、其基礎置於形而上學或心理學或其他學科上的邏輯學、以及康德學派四者給予嚴刻的批評」。其二，它是康德批評哲學的一個「修正」(modification)(5.452)。換言之，他用康德的批評方法批評了包括康德哲學在內的有關學說與觀點。普爾斯甚至說，他原是康德學派者，而步步被迫進入「實用嚦主義」。只要把康德「物自身(thing-in-itself)能被認知」這一命題拿掉，改動一些細節，就成為「批評性常識主義」了(5.452)。事實上，亞普爾即認為普爾斯底「實用嚦主義」，始於對康德「物自身」一觀念之批判，並從此角度來探討

普爾斯的「實用嚥主義」。

第六節　進化的實在論

　　普爾斯自言，在其建立「實用嚥主義」以前，一直為
他所推舉之哲學論說有二，一為「批評性常識主義」(此於
上一節已有細述)，一為「經院派實在論」(scholastic realis-
m)，並謂兩者皆與其「實用嚥主義」有關並可視為其推及
之後果(5.439; 5.453)。據普爾斯的了解，「經院派實在論」
以為宇宙確有「真實(real)的東西，而他們乃是通性的(gen-
eral)」，而這些「通性」的東西是作為「諸種的決定模式，
用以決定存在(existent)的各個體」(5.453)；這與普爾斯在他
處謂「經院派實在論」主張「通性的法則(general principles)
確實在自然界(nature)中運作著」(5.101)同趣。不過，普爾
斯接著即從「實用嚥主義」的視野，也就是前節「批評性
常識主義」的視野指出，「經院派實在論」的觀點必伴隨著
說，「除此之外，尚有真實的模糊東西(real vagues)，真實的
可能的東西(real possibilities)方可(5.453)。這讓我們想到，
普爾斯對「通性」與「模糊性」所作的區別。就本節所關
注的問題而言，我們必須注意到引文裡「真實」(real)和「存
有」(existent)有所不同：「真實」約相當於柏拉圖的不變的
理念界(ideas, forms, or reality)，而「存有」約相當於其變動
的「現象界」(phenomena)。換言之，「經院實在論」以為
「通性」及「模糊性」，即各種「通則」、「命題」、「概念」
等，為「實有」、為「真實」。豪斯曼指出，普爾斯對柏拉

圖哲學有所倚靠，而其「實用噬主義」一直表達著與「經院派實在論」相若的觀點(Hausman 152–153)。

似乎，普爾斯習慣於對前人的學說加以依傍、加以批評，然後發展出自己的學說，普爾斯的「實在論」與「經院派實在論」的關係，亦可作如是觀。換言之，其別於「經院派實在論」者，在於其「實用噬主義」底視野所帶來的一些重要觀點。職是之故，筆者打算把前幾節的重要觀念，與其「實在論」掛鉤，以見其端倪。其一，「真實」有著未來性格、社群性格、意見性格。在〈如何使我們理念清晰〉一文裡，普爾斯闢出一節來討論何謂「真實」。科學的「實證方法」是解決「懷疑」、解決「不同意見」的最佳方法，在「追詢」之初，會有互相矛盾的觀念，但研究者會慢慢像走向命定的結局般走向其共同的結論，而這最終的「意見」就是「真實」(5.407)。普爾斯進一步說，「真實是獨立的，但不一定需要獨立於通性思維之外，只是獨立於你或我或一小撮人所認為之外；雖然這最終意見的對象有賴於此最終意見， 但不賴於你或我或任何個人所認為者」(5.408)。普爾斯以「實驗科學」作為典範，這種未來性格、社群性格、意見性格的「真實」，學者稱之為「科學社會主義」(scientific socialism)。

其二，「真實」是條件性格的、實用實踐性格的。這個性格在一八七八年「實用主義箴言」裡已充分表達。「經院派實在論」把「通則」、「命題」、「概念」等「通性」的東西視作「真實」，而普爾斯對「通性」有其「實用噬主義」視野的解釋。一八七八年「實用主義箴言」指出，「概念」的「意義」乃是「懷想認知的對象或客體可能會有的、能

懷想認知到的、實際層面的諸效應之總和」(5.402)。故吾人據此得謂「箴言」裡所指陳的假設語態條件性以及實際實用性皆適用於包括「概念」在內的「通性」的全體。一九〇三年的「箴言」謂「每一概念的要元經由視覺之門進入邏輯的思維而經由有目的的行動之門出去」(5.212)；其所含攝的「中介性」的「實踐」精神也應適用於「通性」全範疇。

其三，「真實」是通性性格的、模糊性格的、尚待確定性格的。「經院派實在論」以「通則」、「命題」、「概念」等「通性」的東西為「真實」，而普爾斯在認同之餘尚補充說，「真實」應包括「模糊性」與「可能性」的東西。普爾斯「批評性常識主義」指出「通性」及「模糊性」的「對象」，皆以「未確定性」為其識別。根據上節筆者對「批評性常識主義」的闡述，「通性」及「模糊性」的東西，其「未確定性」使它們一直發展下去，一直衍義下去，達到為群體所共同遵守的「真實」或「真理」而止，達到近乎柏拉圖的永遠不變的完美的理念世界為止。職是之故，普爾斯的「實在論」，含有近乎柏拉圖式的、帶有假設性、目標性、但卻永遠延擱的未來性格。

其四，普爾斯「實在論」之「真實」，是否僅指「通性」，還是包括「通性」所涉「對象」或「客體」？「真實」的境地是否意謂「通性」以及「通性」所涉「對象」或「客體」之最終湊泊為一？這是一個非常棘手、「模糊」尚待確定的問題。上面我們都一直把「真實」視作為「通性」的世界；然而，「通性」有其指涉的「對象」。前引「經院派實在論」信條謂：「通性的法則確實地在自然界中運作著。」(5.101)

「自然」就是這「通性」世界裡的「通則」、「命題」、「概念」等所指涉的「對象」或「客體」。前引「實用噓主義」諸信條，謂「懷想認知」有其「對象」或「客體」(1978)，謂「每一概念的要元經由視覺之門進人邏輯的思維」(1903)，皆可指證「通性」有其所指涉的「客體」或「對象」。其「客體」或「對象」之全體，稱之為「自然」；其個別體，則是「存在個別體」。當「通性」獲致其「真實」之境地時，與其相當之「客體」或「對象」其關係為何？普爾斯謂，「通性這個觀念包括它可以有各種可能的變異這個觀念；諸存在物無法把容納各種可能變異的通性完全耗盡」(5.103)。但我們得注意，未能把「通性」消耗盡的是「諸存在物」，即若干個別的存在物而已，未必指存在物之通體（所謂「自然」）。前引謂「通性」的東西確實在「自然」裡運作著，並非不可能意指兩者合一的可能性。普爾斯謂，「宇宙進化過程裡，存在世界愈來愈能與諸通則相湊泊」(5.433)。也許意謂著在無盡的未來裡，「通性」與「自然」，「理」與「物」，湊泊為一，同臻「真實」的境地的可能。普爾斯又謂，「進化的過程不僅是存在的宇宙(existing universe)的進化，而更正是柏拉圖的諸最高存在形式(Platonic forms)已成就或正在發展所經由的過程」(6.194)。「已成就」乃「實用噓主義」著眼於時空所及的暫時的句點，而「正在發展」則是「實用噓主義」著眼於永遠延攔的理想的未來的終點吧！而兩者皆應視作「真實」的境地。現在就讓我們在下一節裡順著「進化」這個觀念加以討論普爾斯的「實在論」，而這個「進化」性格也是普爾斯「實在論」最深奧而最引人省思之所在。

其五,「真實」有著「進化」(evolution)的性格。這性格是普爾斯「實在論」與傳統各類「實在論」最重要識別之所在。普爾斯對達爾文學說一直有興趣,其早期的名篇〈信仰的持執〉,已可看到「進化論」的影子。其後,於一八九一年間,他在〈理論的基石架構〉("Architecture of Theories")的一節裡,簡短地回顧了三種「進化」理論(6.13–6.17)。第一種以斯賓塞(Herbert Spencer, 1820–1903)為代表的「機械論」。普爾斯指出「機械論」無法解釋「異質性」(heterogeneity)如何從「同質性」(homogeneity)產生出來。第二種理論是達爾文「進化論」。達爾文「進化論」主要觀點有二:一為以遺傳為常軌,但容納「突變」的空間,二為物競天擇。普爾斯承認其理論有頗大的解釋能力。普爾斯接著評論了拉馬斯(Lamarck, 1744–1829)的「用進廢退」的進化論,並與達爾文的「物競天擇」論相較。達爾文以代與代間的「突變」作為進化所在,而拉馬斯則以為「進化」過程已在個體的「生命歷程」中進行,謂由於反覆多用,形成習慣,而其後代則繼承這結果而進化。顯然地,拉馬斯可視作達爾文「進化論」的一個變體與修正。第三種理論是伽倫斯・京(Clarence King, 1842–1901)的「環境遽變論」。其論謂常態自然環境下,生命種屬所變甚少,但於自然災難或大變遷之際,則變異甚大。換言之,「進化」之原動力在自然環境,其變異使得生命「種屬」須適應「新環境」而產生「改變」而進化。我們仔細從普爾斯的行文裡,以及從普爾斯「實用嚏主義」之全架構來看,普爾斯或採納了達爾文進化論中「機會」(chance)的觀點,採納了拉馬斯「習慣」的觀點❶。當然,我們也可以反過來說,

普爾斯用了「實用噱主義」裡，如「機會」、「習慣」等主要觀念，來闡釋上述諸人的進化理論。在評論上述諸人的進化理論時，普爾斯一再指出，在他們的理論裡，「進化」都是在「不知覺」(insensible)中進行；換言之，生命的種屬在「進化」過程中，無寧是被動的，並非有所知覺的。關於此點，普爾斯沒有進一步評論，但筆者以為，普爾斯應對這未免帶有機械色彩的進化論調，有所不滿。職是之故，普爾斯提出其有「愛驚訝」(agape)、有「生命目的」(telos)的「進化論」，此見於其二年後(1893)命名為〈進化的愛〉(evolutionary love)的文章裡。

普爾斯在〈進化的愛〉(6.287-317)的開首裡開宗明義地宣稱說：「宇宙進化底偉大代理人為愛(love)」。接著，普爾斯略為回顧了諸種「愛」的理念，如與精力旺盛及繁殖有關的愛(Eros)、宇宙的最高主宰對萬物撫順滋養的愛(cherishing love)、基督教上帝的愛等，而最後歸結並讚揚基督教聖經中〈約翰福音〉所啟示的愛——謂成長只能來自愛，個人成長如是，作為有知性的宇宙(cosmos)其成長亦如是。換言之，普爾斯把「約翰福音」挪用為宇宙進化的愛的理論(6.287-289)。

同時，普爾斯在〈進化的愛〉裡，再度回顧了前回提到的幾種進化理論。此時，他強調了拉馬斯「用進廢退」論中「習慣」一觀念的價值(6.300)，並認為其理論及於意識領域(consciousness)上的「進化」(6.301)。另一方面，則

---

❶ 至於普爾斯有否採納伽倫斯・京「環境刺激」的觀點，則很難推論。事實上，普爾斯在二年後〈進化的愛〉(6.287-317)一文裡，回顧各種進化觀念時，沒有再提及此學說。

對達爾文進化論所帶來的後遺症，抨擊強烈。他指出主導十九世紀思潮的「政治經濟學」(political economy)，雖有其客觀的論據，但卻很易被引申為極端錯誤的「貪婪」(greed)的哲學(6.290)❷，而達爾文進化論卻不幸助長了這種貪婪的哲學，並謂達爾文進化論為當世人所接受，乃因其適合當時的時空環境故(6.297)。普爾斯進而說，他所倡導的卻是從「感性的心的正常判斷」所出發的「愛驚訝的進化理論」(the agapastic theory of evolution)(6.295)。

接著，普爾斯總結進化理論為三類。一，經由「偶然」的「變異」；二，經由「機械性」的「必然」；三，經由「創造」的「愛」。普爾斯把三類理論按次命名為：「偶然論」(tychasm)、「機械論」(anancasm)和「愛驚訝論」(agapasm)。然而，普爾斯採取綜合的態度，謂「絕對」的「偶然性」(absolute chance)、「機械」的「必然性」(mechanical necessity)、和「愛」的「律法」(law of love)三者都分別地在宇宙的「進化」裡運作著(6.302)，並以前二者為後者發育未足的形式(degenerate form)(6.303)。

然而，「愛驚訝論」的進化觀點為何？ "agape"原義為驚訝於神奇；"agapasm"則指「愛的神奇與驚訝」作為「進化」的原動力而言；故筆者譯作「愛驚訝論」。普爾斯的「愛驚訝」進化論其特色約有數端。其一，在「進化」過程裡，父輩賜予後代得以「隨興」發揮的精力，卻又同時引導他們認知其類屬之通則並為其類屬之「目的」而效勞(6.303)；其二，「前進」乃在「正面、積極的同情與共感」(positive

❷　無獨有偶，馬克思(Marx, 1818–1883)的經濟哲學，在某意義說來，也是始自對當時流行的「政治經濟學」之批判。

sympathy)以及「心志的連續」(continuity of mind)裡進行(6.304)；其三，其「進化」有著「有目的的性格」(purposive character)(6.315)。顯然地，這三點都是互通的。普爾斯所闡述之「思維」的「愛驚訝」進化模式，或可作為一個例子，好讓我們看到上述諸點及與其他二類模式不同之所在。普爾斯謂：「愛驚訝論」式的思維發展，乃是採納某種思維朝向(tendency)，但其採納時，不如「偶然論」所述的毫無顧忌，也不如「機械論」所述的盲目地為處境(circumstances)或邏輯(logic)所圍，而是由於瞬間地為某意念(idea)所吸引。這個意念未為心志所掌握之前，已經由同情與共感，也就是經由心志的連續，得以神兆般預知(6.307)。同時，普爾斯以「偶然論」、「機械論」及「愛驚訝論」作為人類思維在歷史進化上的三種模式，從前者進化為後者（同上）。我們知道普爾斯的思維模式，是三元「中介」模式，這三種進化模式，無論在宇宙進化上，或在人類思維進化上，都與其「現象學」與「記號學」的「首度性」、「二度性」、「三度性」相通。普爾斯的「首度性」、「二度性」、「三度性」一方面有「位階」之分，即前者為後者的基石，一方面也有「主導性」之分，即每一「記號」或「現象」或以「首度性」或以「二度性」或以「三度性」為「主導」。這些特點也應可應用到普爾斯的進化理論上，使其更為豐富。

當我們再度稍事回顧前已引及〈進化的愛〉一文中所陳述的「愛驚訝論」諸特點時，我們會發覺「隨興」(spontaneity)、「連續性」(continuity)，以及「目的論」(teleology)這三個觀念主導著這在宇宙、在心志上運作中的「進化」❸。

---

❸ 事實上，大部分的學者都是從這三個主要觀念來討論普爾斯

現在就讓我們從這幾個角度再切入「愛驚訝論」❶。普爾斯在一八九二年〈重審必然論〉(The Doctrine of Necessity Examined)一文中，以「隨興」作為「宇宙」及「生命」的特性，謂：

> 我以純然的「隨興」(spontaneity)或者「生命」作為「宇宙」的特性。「隨興」雖為「法規」(law)的窄門所制約，但卻能常常、到處、不斷地產生微量的(infinitesimal)離規，並且無限不尋常地(infinite infrequency)產生大的離規。我以「隨興」來解釋「宇宙」底多樣性(variety)與繁富性(diversity)，並以此作為「宇宙」底各類屬及新類屬產生之唯一解釋。(6.59)

普爾斯

普爾斯接著謂，這個宇宙的「隨興」性格的「假設」，可以解釋了「宇宙」的「不規則性」(irregularity)(6.60)，並在別處稱此「隨興」為「活生生的隨興」(living spontaneity)(6.553)。可注意的是，普爾斯只把他的「隨興」看作「假設」，同時，他把「隨興」與「生命」視作同義。上述的引

的進化論。安德遜(Anderson 1987)討論普爾斯的創作論時，即是如此。

❶ 下面對普爾斯的「隨興」、「目的論」、「連續性」三觀念之徵引或覆述，在普爾斯原討論範疇都不是在「愛驚訝論」中進行。我們只是引進以深化其「愛驚訝論」。「愛驚訝論」究竟有多重要？普爾斯是否以「愛驚訝論」作為在其他他已屢次闡述的三個觀念的總結？總結為「愛的創造」裡？安德遜認為如此，謂「愛驚訝論」以前的論述就預言、指向這「愛驚訝論」(1993:171–173)。

文，普爾斯並不在「愛驚訝論」的範疇內闡述，但前引「愛驚訝論」的進化歷程謂，「父輩賜予後代得以隨興(spontaneity)發揮的精力」，故吾人得把他處的「隨興」觀點併入其「愛驚訝論」中。

　　然而，我們面臨一個模稜的問題：「偶然」(chance)和「隨興」(spontaneity)是否同義？ 普爾斯有時把兩者混著用 ❻。普爾斯討論達爾文進化論時，謂它開出了一個「偶然」(chance)的空間，得以解釋進化的可能。普爾斯討論進化的「偶然論」(tychasin)時，亦以「絕對的偶然」(absolute chance)作為其特性。然而，如我們所闡述的，普爾斯不滿意於達爾文進化論，以其為被動的、非為主體所意識的、無目的故；普爾斯批評了進化的「偶然論」，以其盲目、無所約束故。因此，筆者以為「隨興」有別於達爾文進化論及各式進化「偶然論」所依賴的「偶然」(chance)，而應歸屬於高於「偶然論」與「機械論」的「愛驚訝論」。換言之，低階的「偶然」已轉化為高階的「隨興」。或者，挪用普爾斯的詞彙，「偶然」只是「隨興」的「發育未足」的形式。我們也許尚記得，安德遜稱「誘設法」為「三度中的三度的首度」；「隨興」在普爾斯「現象學」裡，也應作如是定位。換言之，「隨興」受到「二度性」（為時空所圍的現實世界）的制約(constraint)，受到「三度性」（通則性，甚或目的論）的制約，但仍保有其「首度性」（自由、活潑，無

---

❻　舉例來說，我們看到如下的例子：我們必須假設「自由」，或者「偶然」，或者「隨興」；比「渾沌」還早的「模糊的無特殊性」(vague nothing-in-particular-ness)經由它而帶上成千的有限制的品質(6.200)。

可無不可的可能性、甚至盲目性）。普爾斯一回說：「隨興的定義就是新鮮、活潑、與繁富」(1.160)。以「隨興」來解釋「宇宙」及「人類的心志」的「進化」，是一個很有解釋力、很有可能性的「假設」。

　　誠然，這個「隨興」應該受到「目的論上」的制約。上引〈愛的進化〉一文裡，雖未標名「目的論」及應受其「制約」，但明言引導後代「認知其類屬之通則並為其類屬之目的而效勞」，明言「進化」有著「有目的的性格」。所謂「目的論」者，乃是謂宇宙的存在與設計，有其最高因的目的；普爾斯有時稱之為「完美的理念」(ideals)(6.434)；而所謂「完美的理念」應帶有柏拉圖永恆不變而完美的性格。普爾斯在〈心之律法〉(The Law of Mind)的一節中討論人格(personality)時，謂「人格」者乃是「各種意念的某種協調配合(coordination)」，而這「協調配合」不僅僅使這些意念在一個廣延通性的意念下聯結起來，尚包涵著眾意念間「目的論上的和諧」(teleological harmony)，謂「人格」就是一個「發展中的目的論」(a developmental teleology)。普爾斯以為，指涉未來是人格的重要條件，如果結局已定，就沒有發展的空間，沒有成長，沒有生命。普爾斯更從人格論移向宇宙論與宗教哲學，說「成長原則乃是宇宙的原初而主要的條件」，並謂這個觀點與主張有「有人格的創造者」(personal creator)的宗教哲學相吻合云云(6.155–157)。在此處我們要強調的是，普爾斯的「目的論」，無論在人格論上，或在宇宙論上，都是有著「進化」的性格：其終極在無限遠的未來。換言之，「進化主義」與「未來主義」可謂一體之二面。

講「進化」、講「目的論」，就不得不談論「連續性」，就不得不以「連續性」為前提。普爾斯在其一九〇二年〈連續主義〉章節中稱「連續主義」(synechism)為「實用噠主義」的基石，以「連續」(continuity)為哲學上最重要的課題，所有的「假設」都必然牽涉到真正的連續(true continuity)(6.169)。「連續性主義」所假設者約有數端。其一，「真正的連續體(continuum)，其能被決定的各種可能，非眾多的個別體所能填滿」，而「空間」及「時間」即為真正的連續體(6.170)。其二，「通則」或「通性」與「連續」實為一物二面，前者是後者的基層「形式」(form)，後者則為各局部間相連所依的「通則」或「通性」(6.172)。其三，凡是最終的(ultimate)也就是不可解的(inexplicable)，而「連續」則是沒有這些最終的、不可解的東西，而「通則」或「通性」則是眾局部能在其「形式」中得以了解、解釋者(6.173)。

普爾斯的「連續性主義」是建立在其以「微量」為觀點的「連續性」(continuity)上。這是非常特出的看法。所謂「微量」(infinitesimal)是源自拉丁文的"*infinietieth*"，意謂「一個有無限量位的小數值」（筆者例：0.……1），也就是無法衡量的「微量」。普爾斯界定「連續」為擁有或由諸「微量值」所構成(6.125)。普爾斯用「微量」來分別解釋「意識」(consciousness)和「感覺」(feeling)的「連續性」，非常精采，下面就透過其分析而進一步了解其理論。

普爾斯認為，「我們是經由時間的微量間歇(infinitesimal interval)去獲得即時的意識」(6.110)。言下之意，「時間」的「連續體」與「意識」的「連續體」實際是由許多的「微量」的「間歇」組成；但這些「間歇」是微量的，故仍可

有整體的、連續的感覺。「意識」的連續的感覺是這樣的：

「這微量地散延出去(spread out)的意識是對其所意識的內容有直接性的感覺，感覺到其散延(spread out)」(6.111)。普爾斯甚至說，每一個微量的間歇，我們可以感覺到其首、中、尾。特別的是，普爾斯以為一個又一個「微量間歇」散延下去時，第一「間歇」之「中」部成為第二「間歇」之「首」部。也許是因為環環相扣，故最後一刻能感到其整體。在此一個扣著一個的「微量間歇」之流裡，經由比較與指涉，其「意識」帶上「中介」性。在最後一刻裡，所獲的「意識」為對此時間整體的「中介」的「意識」(6.111)。普爾斯用「微量」理論對「感覺」的分析，又另有一番精采。普爾斯謂，「感覺(feeling)的連續體(continunm)，其停留時間是微量的，但它卻包涵著無數的局部。雖是微量的、數目無限的，卻是立即呈現的。同時，由於其毫無局限。我們會感到有這麼一個模糊的可能，可能會有比已呈現者更多的東西」(6.135)。其精采之處，是指出「感覺」的「連續體」，雖是「微量」的短暫，卻包涵著無可計算的局部，但卻又能瞬間即時呈現。同時，「感覺」這一「連續體」往往給我們一種不盡感，感覺到在感覺到的感覺外應還有一些感覺，真可謂得「感覺」之三昧 ❻。

誠然，普爾斯的「連續體」是一個無窮開放的空間，「時間」的「連續體」如是，「感覺」的「連續體」如是。普爾斯早在幾年前（約1897）即從「可錯主義」的角度來

---

❻ 普爾斯在此所作討論之範疇為觀念(idea)，而普爾斯以為「感覺」(feeling)為觀念的內在品質，並作以上「微量」的分析。顯然地，普爾斯所作分析，適用於所有的感覺。

闡述了「連續體」的開放空間，精采絕倫。「連續」意謂「流質性」，意謂「各局部融在一起」，意謂「無限」，意謂任兩點中間含有無量的「微量」點(1.164-66)。更用如詩的描述，謂：

「連續」原則是「可錯主義」的客觀化。蓋「可錯主義」之教義為我們的知識永遠不是絕對的，而是有如泳於不穩定性(uncertainty)和不確定性(indeterminacy)的連續體裡，而「連續」原則的教義是所有東西都如此泳於連續體內。(1.171)

綜而論之，普爾斯的「進化實在論」認為「進化」依循的模式有三，一為絕對的偶然，一為機械性的必然，一為愛的規律，後者為最高的形式，前兩者為後者的前階或發育未足的形式。三種進化模式都真實地在宇宙自然及人類的心志裡運作著。依愛的規律為進化動力者，普爾斯稱之為「愛驚訝論」。「愛驚訝」的進化模式，含有三個互為關聯的主體，一為「隨興」，一為「目的論」，一為「連續性」。以其「隨興」，故能離規，故能有所變異進化。但此「隨興」一方面受到「二度性」的「存在世界」的必然與限制所約束，一方面受到「三度性」的「通性世界」的律法的約束，故「隨興」雖有其「首度性」的自由、活潑、創意，但不陷於純然的盲目與偶然。「連續性」是由各局部在貫穿各局部、解釋各局部的「通則」下，獲得其「連續性」，而其所謂「連續性」，其中實含攝無數的微量間歇，且毫無局限，但以其為微量間歇故，能為「散延」所掩蓋，

而有「連續體」的意識與感覺。故普爾斯之「延續」，實為一開放的空間，一開放的時間之流；吾人甚至得謂，以其為開放的微量空間與時間之流故，變異與進化故能產生焉。「進化」必以「連續性」為其性格，否則則無所謂「進化」。最後，普爾斯認為，「存在」的宇宙，柏拉圖諸存在形式的理念世界，都在進化歷程裡成形與將成形；而於無限的未來處，「存在」的世界與「通性」的世界，也就是法則與自然，理與物，有漸趨相湊泊為一之境的可能。而「進化」是從「同質性」(homogeneity)走向「異質性」(heterogeneity)或者「多元繁富化」(diversification)(1.174)❼。「進化」為我們指向無限的未來，而「進化」的步履既朝「規律化」，復朝「多元繁富化」進行，普爾斯的視野是充滿前景的。

普爾斯

---

❼　這個「進化」觀點，普爾斯自言是從哲學家斯賓塞(Spencer)繼承過來(1.174)。

第三章

現象學及意識／潛意識理論

第一節　前言：當代現象學的異軍

普爾斯的現象學，可說是當代現象學一開始就出現的異軍與別支。我們不妨從現象學家梅洛龐帝(Manrice Merleau-Ponty)對現象學(phenomenology)所作簡賅而多元化的陳述下手，他在《視覺現象學》一書中說：

> 「現象學」是對各種「本質」(essences)所在的研究。從「現象學」的角度來看，所有的問題都不免最終要尋求各種「本質」所在的定義：如視覺的「本質」所在，或意識的「本質」所在等。然而，「現象學」也是一種哲學：它把各種「本質」放回存在世界(existence)，而認為我們對人及世界無從了解，如果我們不以人與世界的事實性(facticity)作始點的話。它是一種「超越主義」的哲學(transcendental philosophy)：它把我們油然而生的各種「宣稱」(assertions)一起放在括號內，用意是對這些「宣稱」有更好的了解。它也是一種認為世界一直是在那兒(already there)的哲學，在「反思」(reflection)以前就以其「不可異化的存在」(inalienable presence)一直在那兒；而「現象學」所作的各種努力，即為重獲對世界直接與原始的接觸，而把這接觸賦予哲學的身份。「現象學」追尋一個「嚴格的科學」(rigorous science)的哲學，但它也同時提供對時、空、世界的陳述，並要一如我們實際「活」(live)

於其中者。「現象學」嘗試對我們的「經驗」如實的直接描述(direct description)，但不把其心理上的源頭以及因果的解釋納入其中，蓋二者乃是科學家、歷史學家、或者社會學家所從事者。(1962: vii)

　　故「現象學」研究萬事萬物的「本質」問題，認為「本質」與「存在的世界」為一體之二面，並且不採取「本質」與「現象」的二分法。只有透過「存在世界」諸種事實性的「現象」，透過我們實際「活」於其中的時、空、世界，才能對「本質」有所體認，但同時亦承認一個互相關聯的統一的超越的本體，故為超越主義的哲學。其方法學的特色是陳述法，即對我們實際經驗加以直接陳述，其目的則為能對我們一直就已經在那兒的世界恢復對其直接與原始的交往。「現象學」視自身為一嚴格的科學，務求其所建立之原則與範疇等有其嚴格性、客觀性、普遍性。同時，「經驗」離不開我們實際「活」在其中的時空與世界，故亦離不開我們對時空與世界的「意識」(而「意識」往往自「視覺」始)，故「現象學」往往探求「意識」問題，並提供一套「意識」的理論。也就是這個緣故，我們在這一章裡，將綜論普爾斯的「現象學」及其「現象學」透視下的「意識」、甚或「潛意識」理論。

　　有趣的是，學界都以胡塞爾(Husserl, 1859–1938)為西方當代現象學的開始， 而上推至康德與黑格爾(Hegel, 1770–1831)，而忽略了普爾斯這現象學的異軍。事實上，遠在一九五七年，斯派格保(Spiegelberg)已指出，胡塞爾用「現象學」一詞最早為一九〇一年，而普爾斯則為一九〇

二年，相距一年而已，而以後「現象學」一詞即流行於哲學界，而普爾斯對「現象學」之實際研究當然遠早於此年（參 Hausman 1993:118）。對二人而言，現象學皆對所研究之「現象」之「存在」或「不存在」、「真」或「假」等，不作假設。二人所關切者，乃是要如實地陳述出現在我們「意識」面前的東西，其目標則是要尋求「現象」的普遍的結構。二人都把「心理學」排除於「現象學」領域之外，而依賴邏輯或系統的思辨，並且皆以「現象學」作為最基本的科學。當然，二人的現象學視野，其相異深遠不能忽略（以上據Hausman 118）。

誠然，普爾斯的「現象學」自有其特色。其一，普爾斯用功之處，即在提出「現象學」視野下的三個三位一體的範疇或類屬，是為「首度性」(firstness)，「二度性」(secondness)，和「三度性」(thirdness)。這三個「範疇」或「類屬」，可說是繼承康德及黑格爾這方面的努力(1.300; 5.38; 8.300)，是用來描述「存在」的三種狀態；但普爾斯自謂這三個分類尚未達到「概念」這個層次，不妨稱之為「思想的調子」(modes or tones of thoughts)(1.356)。這三個「現象學」範疇或概念，以其為對「存在」的狀態作描述故，帶有「本體論」(ontology)的況味；又以其為「思想的調子」故，則又立刻與「現象學」所關注的人類的「意識」問題相掛鉤。然而，如豪斯曼所言，普爾斯並不特別注意到「現象」為「意識」所有意所加及這一問題，而專注於「現象」的諸普遍面，這是其與胡塞爾的一大差異(1993:119)。這點可見於普爾斯堅信其所提出的對「現象」的形式諸要元的描述，無論於何人、何時、何地皆出現於心志上(1.284)。

其二，普爾斯的「現象學」是「哲學」的一支，是「規範科學」（包括邏輯學、倫理學、及美學）的基礎。但如本書所闡述的，普爾斯的「現象學」、「記號學」、及「實用囒主義」，實互為涵蓋，互相著色，甚或熔為一體。事實上，我們不妨謂普爾斯的「現象學」的三範疇或存在型態，實貫通了宇宙及人文的全領域。其三，更具體一點來說，普爾斯一度稱其「現象學」為「現象位元學」(phaneroscopy) ❶，是對諸「現象位元」(phaneron)的直接描述，專注於其「形式」上諸要元的科學的研究。普爾斯界定其「現象位元」為「任何東西以任何途徑以任何含義呈現於我們心志上的綜合全體， 不管其是否與任何真實的東西(real thing)相呼應」(1.284)，並謂此出現於我們心志上的「現象位元」接近我們通常用語的所謂「意念」(idea)(1.285)。這也很容易看出來，其「現象學」與「意識理論」互通往來。

最後，讓我們略述一下普爾斯在「現象學」的研究歷程及主要有關文獻。在一九〇四年十月寫給語意學家韋拜夫人(Lady Welby)的信上，普爾斯稱其研究為「意念學」(ideoscopy)，並謂於一八六七年始，花了三到四年的時間，終於把「意念」(ideas)歸入三個範疇或類屬裡，即「首度性」、「二度性」、及「三度性」(8.328)。普爾斯上述應指他在一九六七年發表的〈論諸範疇的新清單〉 (On a New List of

❶ 普爾斯有時用"phenomenology"、有時用"pheneroscopy"、有時用"ideocopy"，今仿「普爾斯全集」編者體例，蓋以"phenominology"稱之，"phenominology"即「現象學」英文之通名也。普爾斯之有時用上述其他名稱者，蓋特顯其現象學思維的特有定位。

Categories)(1.545–1.567)及其後之研究。豪斯曼深入地闡述了這新清單的重要性及其過渡到其最終所發展出來的「三位一體」的現象學三範疇(96–108)。在「新清單」裡，普爾斯先勾劃出五個範疇：

存在(*Being*)
　　品質(Quality)
　　關係(Realation)
　　再現(Represation)
本質(*Substance*)(1.555)

上引版面及斜體均根據普爾斯原文。普爾斯把居中的三個分別出來，稱之為「意外」(accidents)，其意或即為「有無相生」的「有」，乃時空中偶然之存在物。豪斯曼解釋說，「存在」及「本質」二範疇作為頭尾之框框，作為這「意外存有」場域演出的基礎與框框，故其後排除於現象學及記號學的領域之外，並謂「品質」、「關係」、「再現」三者實與普爾斯以後所提出的「首度性」、「二度性」、「三度性」一脈相承。然而，普爾斯到九十年代末葉，才又回到「現象學」的探索，而終大放異彩。普爾斯對「現象學」的各有關專論及片段論述，皆已收集在其全集第一冊的第三部中，編者並以「現象學」命名，而前面所提到與韋拜夫人的通信 (因體例為書信類而收入全集第八冊中)，則有綜合性的論述，並與記號學更為密切地相提並論，殊為重要。至於有關研究，克蘭里(Greenlee 1973)、薩陶(Savan 1987–88)、豪斯曼(Hausman 1993)都有不錯的綜論，而斯派格保

(Spiegelberg 1957)首度比較了普爾斯和胡塞爾的「現象學」，豪斯曼隨後在其書中加以發揮。至於普爾斯的「意識」及「潛意識」理論，過去研究不多，而晚近哥拉比楚(Colapietro 1989)的研究，博大而深，填充了這個空白。而本篇的書寫，主要還是根據普爾斯原著，重作勾劃，但前面所述諸書無論在資料搜尋及觀念的啟發上，對本篇的書寫，還是起了相當的作用，蓋學術同時是累積、再規劃、與創意的。

第二節　現象學的三個存在範疇與向度

普爾斯把哲學分為三範疇領域，即「現象學」、「規範科學」、及「形而上學」(metaphysics)。普爾斯謂，「形而上學」以「規範科學」為依歸，而「規範科學」則以「現象學」為依歸，故「現象學」實為哲學的基礎研究。「現象學」乃是「確認與研究普遍地呈現在現象中的各種要元，而現象也者乃是無論其在何時或何種方式呈現在我們心志上者」(1.186)。普爾斯界定「現象學」為「範疇分類的教律」(doctrine of categories)，其任務乃是要「打開以任何意義上出現但卻如素絲般的東西，治理出其特殊的形式」，或者說，「要把所有的經驗作最終的分析作為哲學底首要的任務」(1.280)。從這些陳述裡，我們不難看出普爾斯「現象學」的特殊定位：範疇分類、形式上的普遍要元、以及對經驗的最終分析。

普爾斯的「現象學」顯然超過傳統對「現象」的研究，而傳統對「現象」一詞的含義，如柏拉圖把「理念」世界(Reality or Realm of ideas)和「現象」世界(phenomenon)的二分，也與其所從事的「現象學」有所抵觸。筆者以為，也許就是因這個緣故，普爾斯稱其研究為"phaneroscopy"（現象位元學）(1.284)，為"ideocopy"（意念位元學）(8.328)，甚至謂與「現象學」(phenomenology)詞義有別(8.328)，蓋普爾斯之「現象學」所從事研究者乃是稱之為「任何東西以任何途徑以任何含義呈現於我們心志上的綜合全體」的諸「現象位元」(phaneron)(1.284)，是「對屬於我們日常經驗的諸意念的描述與分類」(1.328)。無論如何，我們把普爾斯在道方面的探討，蓋用「現象學」一詞稱之；我們把其「現象學」看作是「現象學」的一支可也。

普爾斯首先界定「現象學」（原用phaneroscopy一詞）為對「現象位元」(phareron)的研究，而界定「現象位元」為不論其真假、超越時空與個別心志的「任何東西以任何途徑以任何含義呈現於我們心志上的綜合全體」，接近我們通常所說我們心志上有某種「意念」的「意念」一詞的含義，已如前述。普爾斯為此領域的藍圖構想如下：

> 現象學(phaneroscopy)乃是經由對諸 「現象位元」(phanerons)的直接觀察並從此觀察中作通則性的推論，以求指陳出幾個廣延的現象位元類屬與分類；對每一類屬與分類描述其特徵；指陳出來說，雖然這些類屬是那麼纏結混合在一起，但它們無法孤立起來，而每一類屬的特徵卻又是明辨可見；接著去證明說，

可以用一個非常簡短的清單把這些廣延的現象位元
類屬列出來；最終則向前從事最艱苦困難的工作，把
這些廣延的類屬或範疇的再細分一一數說出來。
(1.286)

然而，普爾斯要我們觀察的，只是「現象位元」的不可再
細分的諸要元，而所謂不可再細分，乃是指邏輯上或直接
的檢視下而言(1.288)。普爾斯這位生涯初期以研習化學為
業的學者，以當時的化學元素列表為借鑑，挪用化學元素
的「價」(valency)概念，認為「現象位元」可分為零元的
"medads"、單元的"monads"、二元的"dyads"、三元的"tri-
ads"，並謂數不過三，即其他多元的東西，可削減為若干
個三元的"triads"。零元的"medad"是無所依的不可再分的
「現象位元」或「意念」，腦海中的不留痕的靈光一閃殆近
之。一元的"monad"則是本身有其特質，可附於他主體上，
但不需要向他者有所指涉而存在，「感覺」(feeling)所產生
的意念近之。二元的「dyad」是某種意念，其所擁有的特
質為與他物相連而得之，「他者」、「經驗」、「掙扎」等則為
"dyad"的表達。三元的"triad"乃是與另二個主體或他者相
關聯而得之，而其最模範的形式，則見於記號(sign)與其「對
象」(object)及「居中調停記號」(interpretant)的三位一體的
關係上（以上據1.292；而對monad及dyad的典例，則自普
爾斯他處所述補人）。總言之，在我們人類心志上出現的「現
象位元」或「意念」可分為一閃不留痕的零元體，獨立自
存但可與他物相接的「單元體」，與另一主體構成關係的「二
元體」，和與另二主體構成三角中介關係的「三元體」。

其後，普爾斯以他一以貫之的三元思維習慣，把「零元體」(monads)去掉，只餘三個類屬與分類，然後將自己的研究設想為：「沒有二元體及三元體相混淆的單元體，其概念形成為何？牽涉到單元體而不為三元體所污染的二元體，其概念形成為何？二元體加諸於一元體者有何獨特之處？牽涉到單元體與二元體的三元體，其概念形成為何？三元體的特質為何？」(1.293)。

其後普爾斯從較為具體的「單元體」(monads)、「二元體」(dyads)、「三元體」(triads)，抽離出其普遍的特性，是為首度性(firstness)、二度性(secondness)、及三度性(thirdness)。對這三「現象學」類屬與範疇，或可以前引一九〇四年致韋拜夫人信中所作界定為最基本與最終的描述，先徵引於下以彰眉目：

> 首度性是有其實質屬性而不需依賴與其他東西發生指涉的如其如此的存在狀態。
> 二度性是關聯到第二個東西而不涉及第三個東西的如其如此的存在狀態。
> 三度性是把第二個和第三個東西帶進〔三者〕互為關聯的如其如此的存在狀態。(8.328)

簡言之，「首度性」乃是一個「單元體」如其如此的存在狀態，「二度性」是一個由兩個「單元體」組成互聯體的如其如此的存在狀態，「三度性」是三個「單元體」組成的互為中介體的如其如此的存在狀態。普爾斯在此信中，以「感覺」最為跡近「首度性」(8.329)，以「須付出努力的經驗」

(experience of effort)，也即是二元對立下的抗衡，最為跡近「二度性」(8.330)，而以「記號」及其「對象」及其「居中調停記號」三元中介行為作為「三度性」的典範(8.332)。當然，普爾斯「現象學」的長處在於①這三個範疇能解釋了各種現象的存在狀態；②闡述了這三個範疇的抽離、主導、互異互賴的複雜關係，此後詳；③其「三度性」提出了最有解釋力的三元「中介」模式，超越了「二元」對立模式；④這三個範疇為「存在狀態」，此點與「現象學」之關注「本質」與「存在」的一體關係，最為切合本章開首所引「現象學」的哲學旨歸。

　　「首度性」、「二度性」、「三度性」在前引韋拜夫人信中的基礎與界定下，有什麼進一步可得而述之的特質呢？普爾斯說，「首度性」是以「新鮮、活潑、自由」作為其「主導」。沒有另一東西在「其後」決定它，也沒有它的「對立面」(negation)插進來，否則就無法說其以「首度性」作為主導。而「自由只有在無所限制無所控御的多樣性(variety)與繁富性(multiplicity)上呈現出來」，而接近康德所說的「感官的多面性」(manifold of sence)。普爾斯進一步把其「首度性」和康德的「統合性」(unity)加以識別，謂後者是後天獲致的，故不如稱為「通體」(totality)為宜；而他的「首度性」，則是一種「存在」(being)的狀態，建立在其「自足」(self-containedness)上，在其「僻性」(idiosyncratic)上(1.302)。我們在「首度性」裡嗅到一種非常迷人的生命情調，是自由的、不受拘限的、多樣繁富性的，甚至是個人癖性的，使人無窮嚮往。我想，這裡有著作者無窮的抒情與個人生命的依歸，對普爾斯的生平的了解或有很大的幫助。

「首度性」可說是由對「單元體」(monads)的探索而抽離出來的存在狀態,二者也實是一物的兩面。普爾斯說,我們不能把一個「單元體」在我們心志上所引起的「概念」,看作是一個「客體」(object)所引起的「概念」,因為「客體」本身就和我們有所對立;如果這樣做,就等於帶進來另一個東西,此「單元體」就不再以其「首度性」的狀態呈現了。然而,普爾斯說,這「單元體」必須有某種「決定性」(determination)或「如此性」(suchness),否則我們無從對其加以思考。而對「單元體」或「首度性」之獲得,「睡夢狀態中某種模糊、非已客觀化了的,也非主觀化了的某種紅色的感覺,或者某種鹹味……某種延綿的樂音」迫近之。同時,普爾斯說,我們要把上述心理上的、邏輯上之所得,轉化為形而上的身份,想像一個沒有身軀沒有表達的純然的「單位體」或「首度性」(1.303)。換言之,「首度性」從觀察的、心志上的、邏輯推論的東西,轉化為形而上的東西,才終於成為現象學的範疇或存在狀態。「二度性」、「三度性」亦應作如是觀。

如前述,「感覺」最能呈現「首度性」,而普爾斯對「感覺」在這方面的陳述,則有助於我們對「首度性」這「存在型態」的了解。普爾斯說,在我們「心志」上呈現的諸「現象位元」中,有著各種「感覺」的「品質」,「如洋紅染料的顏色,玫瑰精的香料……對一完美的數學演算的沈思所產生的情緒性品質,愛的感覺的品質等等」。但普爾斯接著說,他所指的所謂「品質」,並非指從實物實際經驗到的,「而是指這些品質本身,而這些『品質』僅是一種可能(may-bes),未見得必然給實現出來」;而「品質的存在只是

在於也許會有(might-be)如此特殊的、有其實質的如此(suchness)」(1.304)。其義亦即前面所說的，把「品質」從「物色」解脫出來，給予其現象學的身份。然而，普爾斯告訴我們，不能把「品質」看作是一個如地心引力般「通性的東西」(a general)，因為它是給「想像」(imagine)出來的，而非經由「思考」(三度性)而獲致(1.304)。普爾斯暫時總結說：「感覺的品質可以想像而得，而不必然經由實際情事。它的僅僅的『或存』(may-being)便行，壓根兒無需任何的實現」(1.304)。就「首度性」與「事實世界」的關係而言，薩隄解釋說，普爾斯的「首度性」，不是指具體的在特別時空裡事實性地存在的「品質」，而是一個「品質的空間」(quality space)，可為事實性地存在的諸「品質」所占有(Savan 7-8)。同時，普爾斯強調「感覺」，也就是「首度性」的當下性與不可分割的通體性，謂「感覺」是一個「境況」(state)；只要「感覺」繼續存在，全程的每一刻都是其全體的呈現，而與其相呼應的則是「當下直接的意識」(immediate consciousness)，而非隔了一刻的「回想」(memory)的意識(1.307)。　普爾斯上面各種艱深而不易掌握的闡述，其目的乃是要把「首度性」從「二度性」(事實世界)和「三度性」(「中介」與「通性」的世界)這「三位一體」的存在狀態中釐辨出來。最後，普爾斯在致韋拜夫人的信札上，對這「首度性」作了進一步的界定，說：「不可分析的印象的整體，經由感覺多元層面而獲致但又不被想為事實性者，而只是簡然地作為一品質，作為一簡然的、實存的、出現的可能性，這就是首度性」(8.330)。

「二度性」似乎比較簡單，但普爾斯的闡述卻又令人

普爾斯

眼界大開。讓我們先再度徵引其周延而最基本的界定:「二度性是關聯到第二個東西而不涉及第三個東西的如其如此的存在狀態」(8.328)。更簡單言之,「他者」(the other)、「否定或則說不」(not)這些概念就是「二度性」(1.324)。然而,如何證明有「二度性」呢? 普爾斯用栩栩如生的例子為我們作證:

> 您站在微開的門外, 您把手放在把手上要打開門進去。您「經驗」(experience)到一個看不到的沈默的「抗拒」(resistence)。您把肩膀靠著門,集起力量,使出很大的「費勁」(effort)。「費勁」就預設了「抗拒」。在這個世界或任何可能的世上,不需「費勁」就沒有「抗拒」,沒有「抗拒」就沒有「費勁」。(1.320)

在這個尋常經驗的例子裡,普爾斯是要告訴我們,在我們生活的這個世界或任何可稱之為世界者,一方的「抗拒」以抑止與一方的「費勁」以行動就是我們現實生存的寫照,也就是「二度性」的表達。普爾斯把「二元對立」重寫為「抗拒」與「費勁」程式,可謂深得個中三昧,發人之不能發者。只要我們作為行動的主體,把世界或任何東西看作為「客體」的他者,其關係就是一方「抗拒」以抑止與一方「費勁」以行動的「二度性」的關係。這闡述了前面普爾斯所說的,作「首度性」的觀照時,不能把這東西看作是「客體」之故。故「首度性」的特質,可謂是主客兩忘,而「二度性」的特質,則是主客或兩個主體以「抗拒──費勁」的程式為關係❷。(以下仿此把客體一方的「抗

拒」以抑止與主體一方的「費勁」以行動，簡化為「抗拒
——費勁」程式）。

　　普爾斯稍後用稍為強烈的詞彙「掙扎」(struggle)取代
了「費勁」，並謂「二度性」的特質即為「掙扎」，並界定
「掙扎」為「掙扎乃是兩個東西相對的行動，沒有任何第
三者或中介的東西，特別的是其互動沒有法規(law)」
(1.322)。其用意是要把「二度性」和「三度性」分開，蓋
有了「中介」及「法規」可調停，就不再是盲目的「二度
性」，而是「三度性」的「中介」行為了。至於這「二度性」
底「盲目」特質，普爾斯有近乎不免使人感傷的闡述：「在
現實(reality)裡，『二度性』乃為主導。因為『現實』乃是堅
持努力闖出其路來要讓人認知到它是有別於我們心智之所
能創造者」(1.326)。換言之，所謂「現實」，所謂「真實」，
不是我們「心志」所能創造、所能轉移者，而是向我們「闖」
進，成為一個對我們的「抗拒」，要我們「費勁」與「掙扎」，
這樣我們就被迫認知到它是超乎我們控御的東西。「現實」

❷　普爾斯討論「二元體」(dyad)時，謂「一個二元體把兩個主
　　體帶進為一整體(oneness)」，並謂這「整體」有個其屬於「二
　　元體」的「如其如此」性(1.326)。這種近乎和諧的統一體，
　　似乎與其撞開門的「抗拒——費勁」公式有異。筆者以為「抗
　　拒——費勁」公式是「二元體」的進行公式，但成為「一體」
　　後，就有著其「統一性」；故兩者實非不容，而是統一中有著
　　矛盾，矛盾中有著統一，此即其所謂「二元體」特有的「如
　　其如此」。普爾斯以「主體」來稱這「二元體」內攝之二方，
　　是就其成為「二元體」之「如其如此」而言，而筆者以「主
　　客」稱之，是就其進行中之「對立」關係，一方往往淪為「客
　　體」而言。

或「真實」即是以其如此的「抗拒——費勁」的程式的「二度性」作為主導者，能不感傷乎？筆者自從研究普爾斯以來，已習慣於聆聽一流學術文字裡所蘊含的個人的、自傳性的抒情與低訴；在這裡，我彷彿聽到普爾斯挫折一生的低喟。普爾斯歸結說，「Existence（存活或存有）是盲目的力量。……所有存活在的東西在世界裡是以力相較而互動。Existence是二元相動(dyadic)的，而Being（存在）則是單元自存(monadic)的」(1.329)。「存活或存有」的艱辛與及「存在」的圓融自在也就是「二度性」與「首度性」存在型態的差別所在 ❸。

至於「三度性」，普爾斯在致韋拜夫人信中所作廣延性的界定為：

> 三度性是把和第二個東西帶進〔三者〕互為關聯的如其如此的存在狀態。(8.328)

簡言之，「三度性」乃是三個東西互聯產生「三元」互動的存在狀態，也就是一個「三元體」(triad)的存在狀態。在這

---

❸ "Existence"和"Being"（皆大寫）往往都中譯為「存在」，無法從中譯辭義裡見其差別，但其差別實有天壤之別。"Existence"是指事實性存在於宇宙的全體，相當於道家所謂的「有無相生」之有，或宋儒「理氣」說中之「氣」，"Being"所指之存在，乃是現象論或目的論上的存在含義，道家中之所謂「道」近之。筆者以「存在」譯"Being"，以「存活或存有」譯"Existence"以作識別，蓋取「存」、「活」、「有」（相當於前引普爾斯所謂的"accidents"）三詞之含義。

三元互動裡，第一個東西，普爾斯稱之為"a first"，第二個東西稱之為"a second"，第三個東西，稱之為"a third"，而就這個順序而言，作為第三者的東西，其功能乃是把前二者「聯結」起來(1.297; 1.337)。這個「三度性」最能表現於「記號」的三元「中介」的「衍義行為」(*semiosis*)裡：「記號」、記號的「對象」、記號的「居中調停記號」在衍義行為裡「三元」運作著。普爾斯說：「在真正的三度性裡，我們看到記號的運作」(1.537)。在普爾斯的「三度性」裡，也就是記號的衍義行為裡，有時候是三者互為中介，有時候是第三者「中介」前二者，視乎普爾斯是否要把第一、第二、第三個順序視野納入其中。對於「記號」運作的「三元」模式，詳見本書〈記號學〉一章，今不贅。

　　普爾斯除了以「記號衍義行為」作為「三度性」存在型態的最佳典型外，尚羅列出以「三度性」為主導的各概念或現象或運作結果：「通則性」(generality)、「無限性」(infinity)、「連續性」(continuity)、「分散性」(diffusion)、「成長性」(growth)和「理知性」(intelligence)等(1.340)。我們不難看出，上述這些概念或現象，都牽涉到「思維」(thought)的中介而獲得，因此，與「思維」本身的運作過程以及與「思維」有關或其結果，都得隸屬於「三度性」，故普爾斯更多回以「思維」、「意義」、「概念」等為三度性的呈現(1.339; 1.345)。故普爾斯在致韋拜夫人信中，即大篇幅地以「記號」表義行為作為「三度性」的典範作闡述(8.331–333)。

　　薩陞謂普爾斯用「三度性」取代了黑格爾的「綜合」(synthesis)、而其義可涵蓋㈠「中介」(mediation); ㈡「變換律」(transformation rule)，和「成長、進化、及發展」(Savan

9–10)。這些特質，前面徵引普爾斯時，已有所提及。薩陶以「中介」的功能為以「第三者」把「兩個」東西關聯起來，但如前面所闡發與陳述者，這「關聯」實比僅僅作為「連接」豐富許多。薩陶所提「變換律」重點置於「通則性」(generality)上，謂「三度性控御著法規般的改易與變換」(Savan 9)。筆者以為，這「通則性」的獲得，是經由邏輯「思維」加諸於「現象」的結果。「現象」往往含有其發展與改變，故「通則性」本身就是「變換律法」。「習慣」(habit)和「習慣的改變」(habit change)是普爾斯對此「通則性」作為「變換律法」闡述最深最愛的典範，此在稍後討論「意識」一節時再詳論。至於「成長、進化、及發展」一特質，筆者以為其典範應可見於㈠記號的「無限衍義行為」(unlim-ited semiosis)，在其中意義無限的延伸與發展與㈡「實用噬主義」中的「進化宇宙論」(宇宙不斷進化，並同時走向規律化與多元化)(詳情請參有關章節)。

　　最後我們要強調，普爾斯的三個「現象學範疇」或「存在型態」乃是「三位一體」的，而這「三位一體」更可不斷細分；可圖列如下：

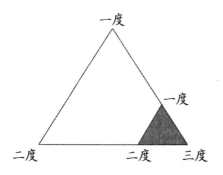

普爾斯慣用三元思維模式，可謂幾成癖性，而其特色則是

「三位一體」的「三元中介」❹。上述對「首度性」、「二度性」、「三度性」的界說與闡述，是採取個別處理的視野，而真正對這三個「現象學範疇」的了解，非從其「三位一體」的關係來討論不為功。下面即從這個視野從諸多不同的角度與面切入，而我們的討論因需要而有詳有略。

其一，「首度性」、「二度性」、「三度性」本身就是一個由此「三元」構成的「三位一體」的「三元體」。從其誕生的角度而言，可有先後之別，故有"a first"（第一個東西）、"a second"（第二個東西）、"a third"（第三個東西），一個帶出另一個，而「第三個東西」則可視作為對此二者的「中介」。普爾斯謂，「始於一，終於二，而居中者為三。……而『三』為手段」(1.337)。意即為「一」引出「二」，而以「三」為手段以「中介」之。然而，當這三個東西從「異時」而進入「並時」狀態時，其「先後」被擱置，而得謂「三者」互為「中介」。同時，普爾斯強調這三個互為「中介」的關係，不可削減為多個「二元」關係(5.484)。故普爾斯的「三元中介」模式，以「三角形」最能圖示，也是幾何學上的三向度體。同時，由於「無限衍義」(unlimited semiosis)之故，每一邊即衍變為一個立方體，即朝向幾何學上無限多向度而發展。我們不難看出，這一個複雜的發展，比較能有能力描述我們思維及各種宇宙現象的繁富與進化性。這個衍生過程，有點像老子所說「道生一，一生二，

❹ 筆者毅然用「三位一體」這個詞彙來描述普爾斯的「三元中介」模式，除以其所含攝之「三元」實處於「三位一體」之關係外，亦略因普爾斯的「三元論」與基督教中的聖父、聖子、聖神為「三位一體」之教義不無關係。

二生三，三生萬物」。「道」是「零元體」(medad)，衍生出「單元體」(monad)，「單位體」引出其「相對面」而兩者構成一個「二元體」(dyad)，而後引為第三個東西，作為其「中介」，三者則構成一個「三元體」(triad)，於是萬物生焉，人類心志進化焉，宇宙進化焉。

其二，三者之關係，有如康德所說的「情、意、知」的關係。普爾斯以「情」(feeling)作為「首度性」的典範，以「意」(volition)來解釋「二度性」所含攝的「抗拒——費勁」公式，以「知」(thought or cognition)（思維與認知）作為「三度性」底「中介」或「綜合」的功能。普爾斯把康德的「情、意、知」的心理機制現象化與結構化為：「本質」(quality)、「關係」(relation)、「綜合或三元中介」(synthesis or mediation)三個存在範疇(1.322; 1.378)。 由於普爾斯把「綜合」與「三元中介」互用，而「首度性」是無所賴的本然自存，「二度性」為「相對面」之引出，讓我們覺得普爾斯這三個範疇及其關係，有若黑格爾發展的「正——反——合」的關係。同時，與「情意志」及「正反合」相平行者，尚有「現在→已完成→將來」互相呼應的「時間」綜合體。普爾斯說，「首度性」以「當下的現在」(immediate present)作其特性之所在，「二度性」則以「已經完成」(has been done)作為其主導性格，而「三度性」則是指向「未來」可能有的動作(1.343)。這指向「未來」可能有的「動作」，與普爾斯「實用噩主義」所謂「概念」能邏輯條件性地指引將來的行為與實踐同義。

其三，三種「存在狀態」之分別，為「或存」(might be)、「偶發而事存」 (happen to be)與 「依條件而存」 (would be)(6.327)。普爾斯謂，存在型態有三，即為「實存的、品質性的或存的可能狀態、實際出現的事實性的存在狀態、和控御著將來發展的各事的規律的存在狀態」(1.23)。「首度性乃是不他依而以其主體的存在有其實質地的存在狀態。……而『首度性』東西之『或存』乃是我們假設他們為自身所有的，可能也可能不被實現；當然，當這些「或存」不為實現，我們即無從對其認知」(1.25)。而所謂「二度性」的「實際出現的事實性」，只是「偶發而事存」，是發生在「某刻」(then)和「這裡」(there)，即特定的時空裡，而這「事實性」的存在狀態以前述「抗拒——費勁」公式被認知(1.24)。「三度性」是指陳「二度性」的各種事實性的東西會經由我們的「預測」(prediction)而朝向某個方向進行，而「預測」雖非每次都兌現，但本質上「不失其普遍性」、不失其為「有決定能力的通則性格」(1.26)。事實上，我們不妨把普爾斯「實用噬主義」的「條件邏輯性」引進來，以解釋這從眼前的事實性的東西可預測的將來的走向（「三度性」）；英文的"would be"本身就這個「條件句」標幟，就含攝有「邏輯條件性」的旨趣。從「或存」、「偶發而事存」、和「依條件而存」這「三位一體」的存在狀態裡，呈現著三種不同的生命型態與情調：「首度性」的「或存」世界，以「新鮮、生命、自由」為其特性(1.302)；「二度性」的「偶發而存」的事實性世界，就不得不相對地以「限制」(constraint)、「因果」(causation)、「止歇」(static)等為其特性(1.325)；而「三度性」的「依條件而存」的世界，就有著「中介」功能，有著如「法規」般「預測」功能（請讀者不是把「法規」看作是真理或必然遵守的絕對的東西!），

而以「通則性」、「無限性」、「連續性」、「分散性」、「理知性」等為其特性(1.340)。在這個「三位一體」的存在狀態裡，我們不妨認為，以作為「中介」功能的「三度性」，以上述及其他概念或法規把①品質的、或存的「首度性」世界和②限制而偶發而存、有成有壞的「二度性」世界居中調停而相接，把新鮮、生命、自由的「首度」存在世界與有著各種限制的事實性的「二度」存在世界居中調停而相接；而這就是人類心志及宇宙的進化活動，生生不息進行中。

其四，普爾斯自知其偏愛「三元論述」(triadomany)，對「三分法」有所迷愛，常將世界萬事萬物不斷三分再三分，但辯解說其結果豐碩無比(1.568-1.572)，並曾將「三分法」應用於他的「形而上學」、「心理學」、「生理學」、「生物學」、「物理學」的研究藍圖上(1.354-1.416)。其在各領域的三分，為我們對「首度性」、「二度性」及「三度性」的「三位一體」的了解有所加深，而其中「記號」類屬的不斷三分與「現象學」三存在型態或範疇最為密切，請參本書該章節。除此之外，還有許多值得參照的三分。普爾斯曾以「力」作三分法的分類，謂「位置(position)是首度性，兩個位置的連續體關係或速度(velocity)是二度性，三個位置的連續體關係或加速(acceleration)則為三度性」(1.337)。筆者以為，這個「力」的三分與現象的三種存在狀態另有神似之處，值得玩味。

其五，這三個「現象學」的範疇，這三個「存在型態」，這「三位一體」，如何相互依賴？其依賴形式為何？首先，顧名思義，「首度」、「二度」、「三度」之名，即含攝其「現

象學」上存在之先後，即前所謂道生一、一生二、二生三，即前者滋生後者，後者依賴前者。對此，普爾斯有多次之闡述，前已論及，不贅。其次，我們實際活在一個由這三個「度性」熔為一體的空間，正如筆者最心儀的普爾斯的名言所說：「如果我們不能說這宇宙是完全由記號所構成的話，我們至少可以說這宇宙是滲透在記號裡」(5.488n)。「記號」行為就是「三度性中介行為」，而我們生存與認知的宇宙是在「三度性」的作用下。換言之，在這三個「存在」型態已纏結在一起的記號化中的宇宙裡，如何把三個度性釐辨開來。普爾斯在此提出了「釐辨」的三個進階與邏輯形式：一為強勢的「割離」(dissociation)，如「紅」之不能擁有「藍」，兩者不能並存；一為中勢的「抽離」(prescision)，如我們雖不能把「空間」從「顏色」截然割離，但可以把「空間」從「顏色」抽離出來，而得謂「無色的空間」，但我們不得把「顏色」從「空間」抽離，蓋「顏色」不賴「空間」則無法呈現；一為「相異識別」(distinction)，如「高」之異於「矮」，而「相異」有賴於高矮兩者之並存。普爾斯繼續說，這三個「存在型態」或「範疇」不可互相「割離」(disassociated)，但「首度可從二度抽離(prescinded)，二度可從三度抽離」，但不可逆向抽離(1.353)。再其次，就在上述普爾斯提出「抽離」概念的同時，普爾斯指出，這三個範疇無法準確地俐落地被識別出來，每一範疇或型態無法以其純粹的型態及完整的意義出現。在這裡，讓我們把另外二個普爾斯闡述多回的概念引進來，以得其全，此即：㈠主導性(predominance)和㈡「未臻完全性」(degeneracy)。❺「主導性」這概念之功能，在於我們指述諸種「現

象」或「意念」時，我們很難說這些「現象」或「意念」會以「首度性」或「二度性」或「三度性」作為其特質，往往只能說此「現象」或「意念」以某度性（存在型態）作為其「主導」，如前引普爾斯所說，「新鮮」、「生命」、「自由」等意念以「首度性」作為「主導」；或「首度性」「主導」著「感覺」等(1.302)。「二度性」主導著「經驗」，「三度性」主導著「思維」等，亦如是；前已有闡述，不贅。「未臻完全性」則指各度性表現於各現象或意念時，有時未能以其「一絲不假」(genuine)的狀態出現，而往往在從「首度性」轉化為「二度性」或「二度性」轉化為「三度性」之運作時，發展未全，未臻其應有的完全狀態，即為此度性的「未臻完全的形式」(degenerated form)。普爾斯對此有艱深的專論(1.521–1.544)。「未臻完全性」在普爾斯的現象學裡，是一個專門性的概念，是指「三度性」現象裡尚含有「首度」與「二度」的東西，或「二度性」現象裡尚含有「首度性」的東西，即未發展為「一絲不假」的「二度性」，未發展為「一絲不假」的「三度性」，其結果則為「未臻完全」的「二度性」或「三度性」的「現象」或「意念」。普爾斯闡述說：一個「二度性」的東西，含攝有二個

❺ "degeneracy"原義為衰退，指體質、思維等衰退而言，然筆者以為普爾斯是就「首度」進為「二度」進為「三度」之過程，未臻完全來論，故譯作「未臻完全性」，蓋指其進化過程中，遺留著前階段的存在狀態。豪斯曼以「位階」(hierarchy)來論，所謂"degenerated"的「二度性」或「三度性」內攝超越其位階應有的屬性（即「二度」中內攝「一度」的屬性）(Hausman 134–37)。我與豪斯曼的看法雖殊途，實則同歸。

互為相對的東西，若其中之一個被看作是主體，自己有著品質，那麼，這個二度性的東西，是以「未臻完全的二度性」(a degenerated secondness)出現(1.528)。至於「三度性」的「未臻完全」的形式，則有二等級可論。普爾斯闡述說，一個「三度性」的東西，牽涉到三個東西，如果其中的第二個東西被僅僅看作為一個「事實性的東西」(fact)，即有著「二度性」的型態，而其運作只是一個「意向」(intention)的實行，則我們見到了「三度性」的第一級次的「未臻完全」的形式。再下一級次的「未臻完全」的形式，則是雖有「思維」，但缺乏此「思維」之「手段」或統為一體的型態，其例為我們說「它是紅色」這種判斷語，蓋其並沒有「思維」的身軀，實為作為「三度性」思維運作或「記號衍義行為」的「未臻完全」的形式(1.538)。就這個「未臻完全」(degeneracy)的模式思考，「首度性」並沒有「一絲不假」與「未臻完全」之分(1.529)。

其六，同一「現象」或「意念」可有其「首度性」、「二度性」及「三度性」的存在型態。普爾斯說，「在一絲不假的三度性裡(genuine thirdness)，其第一、第二、第三這三個東西其本質都為三度(thirds)，或者說為思維(thought)，雖然相互而言得謂第一、第二、第三。第一者其能效乃是僅僅或存的思維(thought)，換言之，即是僅僅能思的心志或者僅僅模糊的意念。第二者乃是扮演著二度性或者事件性角色的思維(thought)；換言之，即是屬於經驗或者資訊的一般本質。第三者扮演著對其中二度性加以控御的功能的思維(thought)；它把資訊帶給心志，或者對意念加以決定並賦予身軀；它是提供資訊的思維，或者說是認知(cognition)」

(1.538)。如果我們把它換作記號學模式，即為作為第一主體的「記號」、作為第二主體的「對象」、作為第三主體的「居中調停記號」，在一絲不苟的「三度性」的「記號衍義行為」裡，這三者在本質上都為「三度性」，都為「思維」。我們從這裡看出來，「三度性」與「思維」幾為同義。普爾斯在上述引文裡，主要是㈠介定在一絲不假的「三度性」裡，其三個主體都應為「三度性」（即3-3-3模式）；㈡指出在這純粹的「三度性」裡，仍無法抹殺其中的「現象學」之存在型態的不同位階及其相對的屬性。然而，筆者要在這引文裡，加以注視與發揮者，卻是「思維」(thought)，可有三個「存在型態」出現，其「首度」存在型態為其僅有或存的潛在能力，為「能思」的心志或模糊的「意念」，其「二度」存在型態為控御著「經驗」的「通則性」的東西，其「三度」存在型態為把這「經驗」的「通則性」與「資訊」以及這模糊的「意念」提供給「心志」以作「決定」，為「認知」行為。普爾斯這一個「思維」三存在型態，為我們提供了一個模式，以應用於其他任何為我們心志能意識到的現象，無論此現象屬於「首度性」（如感覺）、或「二度性」（如經驗事件），或「三度性」（如記號行為或思維）皆如是。

　　本節最後一個問題就是普爾斯「現象學」與其「實用嚯主義」、「記號學」、「美學理論」的關係為何？答案是互相涵蓋，甚至可謂熔為一爐。依「異時」的角度而言，這幾個領域可謂在其哲學思考的最早期即有不同程度的醞釀。首先以比較成熟的形式出現者，乃是以〈信仰的持執〉(1977)和〈如何使我們的理念清晰〉(1978)二文所代表的前

期的「實用嚥主義」。而普爾斯於一九六五到一九六九年間即為其「記號學」鋪下基礎，中隔近四十年，而於一九〇三到一九一一年期間所寫最為豐富(Fisch 1978)。至於「現象學」，普爾斯於致韋拜夫人信中謂於一八六七年（即其發表〈論諸範疇的新清單〉一文的當年始，花了三到四年期間，把其最重要的三個「現象學」範疇或存在型態理清出來(8.328)。從這「異時」的資料看來，「現象學」及「記號學」的研究與發展，是一致的。我們前面討論「實用嚥主義」時，即指出從前期過渡到中晚期繁富的「實用嚥主義」，除得力於對進化論、宇宙論等關注外，普爾斯對「現象學」及「記號學」的探求與發展，實有助於這「實用嚥主義」之過渡與發展。就「並時」的內部關聯而言，亦可得同樣的結論。普爾斯的「現象學」與「記號學」最為湊泊一致，「三位一體」的「現象學」存在型態及其再細分，最能表現在「記號學」這領域內，本節及本書「記號學」有關章節已有細述，不贅。普爾斯以「現象學」為最深之哲學領域，是「規範科學」之基礎，而「記號學」則為「規範科學」（屬於邏輯學，而邏輯學為規範科學），故吾人可以「現象學」為「記號學」之基礎，而以「記號學」為「現象學」最為典例、最為繁富、最為具體的表達。然而，我們不難看出，「現象學」所談到的「感覺」、「意念」等，最終都傾向「實用嚥主義」的邏輯條件性的實用實踐實有旨歸。同時，中期及晚期的「實用嚥主義」，大量地運用現象學的三元模式：如邏輯上演繹法(deduction)、歸納法(induction)、誘設法(abduction)之三位一體，如宇宙進化論上「偶然論」(tychasm)、「機械論」(anancasm)、「愛驚訝論」(agnpasm)

之三位一體。同時，普爾斯所提「批評性常識主義」信條中最重要的「模糊論」，即以「記號」須待解釋、不斷解釋以釋除其「模糊性」，並以此為動力，以朝向為群性所共守的通則上(5.447)。普爾斯闡述其「實用噠主義」時，誠然未能充分利用其「記號學」，但兩者關係是密切的。誠如亞普爾在其書後所言，如果他重新研究普爾斯「實用噠主義」的話，他會從其「記號學」切入。我想，普爾斯會深有同感。至於普爾斯的美學理論，普爾斯自謂其研究哲學是從「美學」始，而於大一時即鑽研席勒的《美學信札》(2.197)；然而，普爾斯對「美學」之探求只是間間斷斷、片片段段、偶發性的；但掇拾成篇，則頗有系統與創意。其「美學」理論高度依賴並發揚了「現象學」的「首度性」，記號學的「規範功能」，而其謂「美學」在於形成作為「理想規範」(ideals)的情緒「習慣」，及其「愛驚訝論」，都與其「實用噠主義」的邏輯條件性實踐實用理念及進化的宇宙論密切相連。事實上，筆者即沿著「現象學」、「記號學」、「實用噠主義」的視野來勾劃、建構其「美學」理論。

最後，我們會問普爾斯的「三位一體」的「現象學」範疇或存在型態有多少科學性呢？我們尚記得本章開始謂，「現象學」應朝向「科學」性，而普爾斯又稱其三範疇為「畢達哥拉斯範疇」(cenopythagorean categories)，（按：畢達哥拉斯為古希臘的數學家）並謂其能在邏輯研究上解開了許多的謎(1.352)。「邏輯」當然是「科學」的基礎，而普爾斯最早攻讀的又是「化學」，讓我們就引用其「生物的細胞原質」(protophasm)亦符合這「三位一體」模式以結束本節：

我稱之為畢達哥拉斯數學式的這三個範疇能應用於生物的細胞原質者乃是讓我們去注意這化學體的不同特性。我們首先注意到的是其僅限於自身含有的能量，這原質基素停留在或存的境地(may-bes)而無法進入事實存有的階段，因後者依賴互動或二度性(a twoness)。這個內在的能量，如「首度」範疇所能提供的，有如「感覺」(feeling)所有者。它雖然只是原質基素，但毫無疑問的，它依賴著異常複雜(extreme complexity)的原質分子，這裡分子是指複雜的、不穩定的、未臻統一的系統(system)。然而，有著大量獨立但又類似體的異常複合結果卻成為一個新的簡單體(new simplicity)；而這就是法規(law)。其次，我們認知到一個互動的力量、一個「二度」的東西，正在神經細胞群裡強調著。就是這個屬性使得一個「高聯結」(high cohesiveness)得以經由水溶性蛋白質而擴延。我們通常稱這屬性為連接屬性(contractility)。再其次，這三個範疇提示我們去找尋一個「綜合性法規」(synthetizing law)，而我們在其中找到了一個攝取同化的力量(power of assimilation)，伴隨三者則為形成習慣(habit-taking)的能耐。這就是這三範疇所要做的全部。它是一種思維的方法，而科學之「可能」乃在於下面一事實：人類的思維必然地共享著宇宙全體所擴散出來的個性，而人類思維的諸種自然的樣式往往傾向於成為宇宙運作的各種樣式。(1.351)。

第三節　現象學視野下的意識論及知情意世界

　　普爾斯的「意識」(consciousness)理論，可得數端而論之。其一，「意識」是一個可謂無底的多重層次的空間，並以「感覺」(feeling)為「意識」主要內涵，微微切入所謂「潛意識」(unconscious)的世界。其二，其「意識」理論與其「現象學」相表裡，「情」、「意」、「知」這三個心理範疇與「現象學」之「首度性」、「二度性」、「三度性」範疇一致；對此「情意志」的「意識」世界，普爾斯闡述最詳。其三，普爾斯把各種記號的、心理的、及宇宙的活動，都歸結為「習慣」，此為其「意識」理論一大特色。其四，普爾斯對「個人性」(individuality)有帶有「社群主義」的闡述，獨樹一幟。以下我們就依照上述幾端略為闡述之。

　　普爾斯說：「人是有意識的」。然而，什麼是「意識」呢？普爾斯羅列了「意識」的幾個含義。他說，首先，「意識乃是一種情緒，隨著我們有著動物性的生命這一個反省而來」。其次，「意識是指我們對出現在我們心志上的東西的認知」。再其次，「意識是用來指陳我想(I think)，或者思維的統一體」(7.586)。我們在這裡，可以看到一個「三層次」的意識世界。其中的第三層，「我想」是一個過程，而「思維的統一體」則是「我想」的結果。普爾斯補充說，「思維」乃是記號的「象徵行為」(symbolism)。這個補充異常重要，因為我們據此而得以說，所有「記號衍義」行

為即為「意識」的運作，為其「意識理論」與「記號學」架上橋樑。事實上，上引文是在把「人」(man)和「字」(word)的比較脈絡裡；普爾斯所作這個比較非常深入、有趣而有啟發性，但這裡無法細述(7.584–7.591)。「人」與「字」的關係不但密切，而且類同性更是驚人，難怪普爾斯在別個場合裡說：「人的意識中之任一因素無不不與字有著一些應合。其理甚為簡單：是人所用的字或記號構成他自己。……我的語言就是我本身的全部」(5.314)。我們得注意，普爾斯「記號」一詞，無所不賅，是作為任何表義行為用的意符。

　　普爾斯雖以「三分法」的視野來看「意識」，但這並不使他喪失了對「意識」的「內涵」及「結構」上的複雜性的掌握。普爾斯一本其「實用噘主義」的精神，用日常的經驗為我們描述其當下的片刻的「意識」的內涵：

> 舉例說，我們現在是在愉快的室內，坐在火爐旁，聽著我的論文宣讀。現在就以在這片刻裡您們的意識為例。首先是一般的生命的意識。接著是您們衣服觸及皮膚所引起的觸覺感。接著是室內愉快的感覺。接著是光線。接著是火爐的溫暖。接著是我的聲音，每一剎那是個音色。此外，還有數以千計的東西在意識的後景。　這就是我對您們的片刻意識所能作的最佳描述。(7.540)

然而，這片刻的「意識」不但非常豐富，而且並非如我們以為的那麼雜亂無章，因為「意識」有如無底的深海，而

且是有著結構的。普爾斯說：

> 「意識」有如一個無底的湖泊，諸「意念」以不同的
> 「層面」在其中懸浮。……此「喻況」之含義乃謂較
> 「深層」者須費較多的勁才能「被辨識」。這些「意
> 念」在「意識」這媒體中浮懸，或者說，這些就是流
> 體局部的諸「意念」，經由聯結的習慣和傾向而互相
> 吸引——或基於「毗鄰」，或經由「類似」而連結一
> 起。靠近意識「表面」的某「意念」若要吸引很「深
> 層」的某「意念」，由於「吸引力」輕微，須費一些
> 時刻才能把後者帶上到一個「容易辨識」的層面，而
> 前者則是沈向「較為黯淡」的意識。……(7.554)

普爾斯隨後謂每一「意識層」的空間有限，故有上必有下，
形成以「動力」為原則的結構格局。吾人得謂，普爾斯這
個比喻，已含有當代結構主義的視野。

　　最能與其「現象學」湊泊為一，也是普爾斯闡述最多
的、最深的，當然是其「情意知」三機制的意識世界了。❻
普爾斯說：「意識的全部內涵乃為屬於感覺的諸品質所構
成，其真一如空間之由許多點、時間之由許多瞬間所構成」
(1.317)。又說：「去意識就是去感覺」(1.318)。相應於這「感
覺」的「品質」者，乃是所謂「當下的意識」(immediate

---

❻　普爾斯的「情意知」意識論有兩次主要的闡述，一見於其現
　　象學之討論（《全集》一卷冊二），一見於其意識之討論（《全
　　集》七卷冊三第四節），現主據前者，而酌量納進後者以得其
　　全。

consciousness)：「感覺乃是當下意識到的品質」(1.307)，而「我們當下意識到的品質是首度的東西」(1.343)。這個由「感覺」、由「品質」、由其相應的「當下意識」所構成的「意識」世界，我們不妨稱之為「意識」的「首度性」，雖然普爾斯並沒作此命名。

在普爾斯「現象學」裡，「首度性」是「二度性」的基礎，故普爾斯說：「在任何型態的意識裡，必然有著一個當下的意識與及其結果帶來的感覺」(1.310)。在存在的「二度」型態裡，「感覺」與「抗拒——費勁」公式關係為何？普爾斯闡述說，「費勁」本身不是「感覺」，但有許多「感覺」伴著它，並構成了「費勁」中「意識」之全部。我們假設人有能力把這些「感覺」或任何「感覺」提起來，但前提是「抗拒」，兩者彼此相依(1.320)。結果，就是普爾斯所謂的「二重意識」(double consciousness)：我們有被「抗拒」的感覺，也同時有「費勁」的感覺；或者說，我們經由對「非我」的知悉而知悉到「我們」自己(1.324)。這個「二重意識」與普爾斯在他處所論及的「內在世界」(inner world)和「外在世界」(outer world)之相對可謂互通。普爾斯說，「每一個正常的人都活在一個二重世界(double world)裡，外在的與內在的世界，也就是視覺品(percepts)與幻想品(fancies)的世界」(5.487)。「視覺品」的世界，就是我們五官所應接的世界，以不可抗的力量向我們強制過來，而我們必須經由「費勁」，費「筋肉的勁」才有可能改變它，而內在的世界，是我們「幻想」出來的世界，以為世界是如此如此，而這個世界對我們的強制力則是相對的輕微(5.475)。或者，普爾斯用「行動」與「視覺」來解釋這個

「二重意識」，謂在「行動」裡，「我們」改變「外物」比「外物」之加諸「我們」者為多，而在「視覺」裡，則反是(1.324)。總括起來，這個我們可稱之為「意識」底二度存在型態，是以「二重或二邊意識」作為其特色，是以「抗拒——費勁」的雙邊公式為骨幹，是「我」與「非我」、「行動」與「視覺」、「真實」與「幻想」的「意識」所在，也是「我」的主體誕生之所賴，也同時是「他者」這一意念誕生之所賴：「在物色(sensation)中感到強制(compulsion)的意識與意力的意識，其中就牽涉到自我意識(self-conscious-ness)和他識了」(7.543)。同時，普爾斯稱此二度型態的意識為「意力」(volition or willing)(1.331)，與前述「首度」型態的意識為「感覺」，正與其「現象學」之稱「感覺」為「首度性」，「意力」之為「二度性」相符。

　　至於「三度性」的「意識」，普爾斯闡述更為豐富。普爾斯說，「三度性」必含攝「思維」(thought)與「意義」(meaning)，即使是簡單的「給」，不是A把B丟去而剛剛打中了C，而是一個有思維、有意義（如財產的移轉）的行為(1.345)。普爾斯告訴我們，「思維乃是真實世界裡一個積極的力量」，而所有為人們以為不可移易的律法，皆逃不離「進化的大規律」：「每一遺傳的個性是一律法，但會演變、會消敗。每一個人的習慣(habit)是一律法，而卻可輕易地經由自制(self-control)而改易，而思維及理想規範乃是影響人類行為的最大力量」(1.349)。正如我們一再強調的，普爾斯的世界是一個不斷進化、不斷走向理想規範的世界，就像「記號」的「無限衍義」行為一樣，永不終止。普爾斯在另一個場合裡，指出這「三度性」的「意識」，也就是「思

維」與「意義」的世界，包括「學習」(learning)、「思考」(reasoning)、和「詮釋」(interpretating)(7.536)，而在其中，所謂「自我」(ego)，也隨著時間之流而不斷更易：過去的是我的「自我」，剛剛過去的是我的最強勢的「自我」，過去很久的是我的一般化了的「自我」，而「群體」的過去則是我們的「自我」(5.536)。我們不難看出，這裡也牽涉到「意識」的「明」與「黯」、「意識」的「獨」性與「通」性。普爾斯結論地稱此知性思維為「中介」或「過程」的意識，因為它牽涉到一個有別認知「主體」與被知「客體」的而扮演著「中介」功能的第三者(medisense)(7.544)。

　　普爾斯多次以不同的形式以「情意知」(feeling-volition-cognition)三個心理型態或機制，來稱這三個型態的「意識」，並納入其無所不賅的「現象學」的三大存在型態或範疇。普爾斯謂「情意知」這心志的三範疇來自達頓士(Tetens)，並猜想達頓士的學說是從古代的修辭學發展而來。普爾斯建議把「情意知」之內涵稍事改正以用來指陳「意識」的三種根本不同的元素，在不同型態的「意識」裡作為主導(1.541-542)。普爾斯說，「經驗」只有三種型態，即「非關聯的」、「兩邊的」、與及「三連中介」的(7.537)，而如本節所述，普爾斯是用「情意知」三種心志活動與這三種型態互為闡發的。❼

---

❼　此外，普爾斯對「意識」又提出一個更廣延的三範疇，即「肉體的意識」(carnal consciousness)、「社會的意識」(social consciousness)和「靈體的意識」(spiritual consciousness)(7.574-576)。這三個範疇，是在宇宙一體的「延續論」(synchism)中提出的。普爾斯在其中沈思，謂人的生命未必止於肉體的結

第四節　個性、習慣、與潛意識

　　普爾斯的「實用噓主義」裡，有著一個「社群主義」
的傾向，當這個理念帶進意識論時，我們看到一個很發人
深省的對「個體人格」的視野。在這個視野，「個體」(the
individual man)只是一個「負面」(negation)：「個體只是一
個負面，因為他的割離出來的存活只是在無知與錯誤裡獲
得呈現，遠離他的同類，遠離他與他們共同走向的存在」
(5.317)。換言之，所謂「個體」，乃是一個與他「自己」及
與「人種」疏離的個體，是「他自己」及「人類」的對立
面。普爾斯說：「當然，人可以有屬於他自己所享有的一些
小小的特殊性。但人把這些誇大了，而他的人格就顯得憂
傷」(8.81)。普爾斯確實有相當強烈的社群主義，人若因為
要誇大這個人的一些小小的特殊性，就與「人類」的通性
疏離，而其「人格」就不免憂傷。似乎普爾斯把「社會性」
(social character)作為人類種性的主導成分，只有在這基礎
下人才能充分發揮自己，才能人格暢順。在此視野裡，「溝
通」乃是人類最基本的欲望：「無論人生最終目的為何，其
中可確認必具者，乃是心志之交往溝通」(MS835，引自
Colapietro 118)，而「所有心志與心志間的溝通往來是存在

· 109 ·

第三章

───────────────────
　　束，而得經由個體而傳之他人、傳之久遠（這與我國儒家所
　　謂的「三不朽」可謂同趣），此即為「社會」的意識範疇；而
　　「個體」亦在宇宙的整體中永恆不朽（這與我國「宇宙一體」
　　的哲學信念相近），此即為「靈體」的意識範疇。

(being)的延續」(7.572)。從這個視野推衍下去，所謂「自我」本身只是一個虛榮的幻覺：「真的，你給予自己的所謂自我(self-hood)，可謂是最粗鄙的自我欺騙的虛榮」(7.571)，或者說，「個人的存有只是幻覺、只是笑話」(4.69)。「個人」與「群體」遠比我們想像的要來得更為一體：你們的鄉居在相當程度地就是你自己，那些和你相類似的人就是你自己(7.571)，而你不會珍惜的鄉居的「愛」卻是人與人間接觸的「三昧」所在(4.69)。普爾斯所闡述的「社群主義」，與我國「民胞物與」精神相近，謂「群」與「個體」實為一體，而實無所謂「個體」，而「個體」這個概念不免是自己存在的「負面」。不過，在朝這個負面視野來浮雕「自我」時，筆者卻願意指出，普爾斯「首度性」所含攝的自由、活潑、生命、無所拘束、無所限制這些使人痴醉的近乎固癖性的屬性，又使人不禁想到最純粹的個人主義，個體生命的最高境界的三昧。這極大的矛盾，一方面是自我的否定，一方面是自我的自由揮灑，筆者以為正是普爾斯一生所面臨的困境，也是人類每一生存個體面臨的困境。這矛盾與困境正象徵著人類兩個逆反的朝向，朝向「個體」同時朝向「群體」；而這個「矛盾」只能在「異化」完全積極地揚棄以後才有可能消散，只有在「正反」辨證後的「合」裡才有可能解除。❽

我們接著要問，普爾斯的「意識論」是否或者有多少切入「潛意識」世界呢？哥拉比楚(Colapietro 1989:38–41)

---

❽ 筆者在此引進馬克思的「異化論」(alienation)來解釋這個矛盾。「異化論」主見其著名的《一八八四年經濟與哲學手稿》(Marx 1964)。

及我們的觀察是：雖然普爾斯的「意識」論對自佛洛伊德以來以「壓抑」(suppression)為基調的「潛意識」(unconscious)，沒有直接真正的探討，但某些對人的「心理機制」的陳述，已毗鄰著「潛意識」的世界，而普爾斯以「意識」為「無底的湖泊」這一喻況及其闡述，已對「潛意識」這一空間有所預留。

普爾斯說：「人是狡猾的。……人保護自己，遠離硬事實的棱角，披上自滿(contentment)與習慣化(habituation)的大衣」(1.321)。普爾斯所述人類保護內在世界不受外界所擾所毀的心理措施，相當接近佛洛伊德所指陳的「自我保護機制」(self-defence mechanism)。普爾斯說：「人類多回幻想說，他們是依理性行事，而事實上，他們給予這些行徑的理由只是一個藉口，那是我們的潛意識本能(unconscious instinct)捏造出來以滿足我們自我(ego)的『為什麼』的要求」(1.631)。人非依理性行事，理性只是藉口，「潛意識」與「自我」的特殊關係，就更接近佛洛伊德的「潛意識」論了。普爾斯說，「明晰的意識，那是可以專注與控御的，在任何時刻裡都只是我們精神心理(phychical)活動的碎屑小片而已(6.569)。在這引文裡，普爾斯沒有如佛洛伊德般明言「意識」為「潛意識」所決定，但和佛洛伊德一樣，認為能為我們所知所控御的明晰的意識活動只是精神心理活動的很少的部分。而被普爾斯稱之為「艱澀」(obscure)的部分，則為「意識」的「主要部分」(the principle part)，其行為遠比其他部分「不出錯地準確」(unerring accuracy)，而且是最為敏銳幽微的「感性」(sensibility)(6.569)。這個「意識」的「艱深」的部分，不但預留了「潛意識」

的空間，而且也頗接近佛洛伊德的看法。所謂「不出錯地準確」，筆者以為乃因「潛意識」非為我們所知所控御，均是自行其徑，故為不出錯地準確。至於以此「艱澀」地帶為最為敏銳幽微的「感性」，這點雖然未能與佛洛伊德的「壓抑」基調相類，但最少指出了其與一般意識有別：屬於異常感性與艱澀的。普爾斯說：「思維是在任何時刻皆進行著，不僅是闖進我們注意裡的意識部分……而且和在深層的陰影的(deeply shaded)部分裡」(7.555)。這點表面或與前面所引人類並不會依「理性」行事相違，但前者乃是指人類的「自我防衛機制」的自欺而言，而這裡則似乎幾可與當代心理分析學派大師拉岡(Lacan)的名言「潛意識結構如語言」相提並論：如果「潛意識」的運作如語言，依普爾斯的看法，其中當然有「系統」在、有「思維」在。無論如

普爾斯

何，「潛意識」的活動仍有著「思維」的活動這一說法，是富有創意與啟發的。最後，在普爾斯以「意識」為無底的湖泊這一喻況裡，已結構地預留著「潛意識」的空間：「我把意識當作一無底的湖泊來想。水看來透澈，但我們能清晰地看到的可不深。然而，水中在不同的層面上，有數不清的東西。某些影響因素會使某些東西向上提升旳動力，但這動力必須夠強並且時間夠長把它們帶到可看的上層。但這些動力停止，它們又開始向下沈」(7.547)。但這個描述裡，我們不妨以「看不見的低層」為「潛意識」的空間，而「潛意識」中的「內容」（意念）則會因某些影響因素並根據動力原則被提升到可看到、也就是比較可控御的意識層面，就是否可解釋了夢、幻想等等從「潛意識」到「意識」層面的運作？當然，普爾斯並沒有沿著佛洛伊德的「壓

抑」視野來論「潛意識」的成因，其因甚多。就其主要者而論，筆者以為，「壓抑論」隱含的是一個悲觀主義，而普爾斯的進化論，則終極地含攝著樂觀主義。我們實在不宜以佛洛伊德的潛意識論作為唯一的標準，而應以普爾斯所提供的線索作為另一個選擇，另一個待我們開發的領域。❾

---

❾ 就非西方的視野來說，傅正谷(1993)對中國夢文化及夢文學的研究，提供了豐富的潛意識資料。其中，最有關聯的是，荀子的意識學說，也可以說是普爾斯式的三元中介：即為意識所主控的「醒」狀態，逃離意識所控的荀子所謂的「偷」狀態，與及睡眠中的「夢」狀態。同時，當代承接佛洛伊德心理分析學說者，也對潛意識提出了非負面的視野。法蘭克馬克思學派的馬庫色(Marcuse)，從佛洛伊德學說中表彰其「愛功能」(eros)，並謂人類底烏托邦式的幻想與遐思，即為潛意識的部分，是未經異化的人類底種性的表達(Marcuse 1966)。克里絲達華(Kristeva)上接繼承佛洛伊德學說的拉岡(Lacan)，對女性書寫(l'ecriture feminine)及前衛文學(avant garde)中打破各種禁忌從語言裂縫間所表達出來的，屬於被壓抑的潛意識範疇的、她稱之為「記號底象跡」(semiotic)的東西，持正面的評估——這些東西是前伊底帕情結的東西，是主體客體未裂前的世界(Kristeva 1986)。晚近思學家德勒斯(Deleuze)和高塔尼(Guattrai)共同提出一個新觀念，把佛洛伊德的「慾望」(desire)的負面性扭轉過來，更試圖重認「慾望」與「潛意識」為生命力(energy)的積極的、正面的表達(Deleuze and Grattari 1977)。這些複雜的新走向及其如何與普爾斯的現象學的可能聯接，就不得不等待以後有機會另文再作處理了。

第四章

記號學

第一節　前言：一個歷史的回顧

　　普爾斯是美國記號學的奠基人。他原研究化學，其後其學術之投注轉移於邏輯數理與哲學，而終被推崇為近代記號學的奠基人之一。根據費斯的看法，普爾斯於一八六五到一八六九年間鋪下了他的記號理論的最初基礎而於隔了四十多年的晚年再度發展而達到高潮，而於一九〇三到一九一一年期間所寫者最為豐富(Fisch1978)。無論如何，在他的著作裡，他並沒有真正地勾劃出一個記號學的系統來，只是在他的著作裡，到處皆有與記號學有關的討論而已。如瑟許一樣，普爾斯也同樣認為記號學是在催生階段，他本人只是一個開荒者而已。他晚年(1907)時仍只形容他自己為「一個開荒者，一個墾丁，做著清理場地的工夫，把我所說的記號學這一個場地開出來，而記號學者乃是研究各種基本的記號表義活動的本質的一套律法」(5.488)。

　　普爾斯對記號有關的論述，是片斷的、開創性的、相當晦澀難懂，而所沿用的詞彙與透視也頗不一致，很難獲致一個完整而調和的系統；然而，在另一方面卻是充滿著活力，具有切入的能力，非常豐富，當代美學及詩學，對普爾斯的記號理論之發揮，似乎尚嫌不足；也就是說，其記號理論在此領域尚具有很大的開發潛力，故本書末章對此特作論述。最廣為記號學家所應用的觀念，早期要算記號的肖象性(iconicity)，近日則為記號的無限衍義(unlimited *semiosis*)；前者為雅克慎(Jakobson)、薛備奧(Sebeok)所充分

發揮，而後者則為艾誥(Eco)等深遠地耕耘❶。

普爾斯的記號理論引起了學界很大的興趣與眾多的研究，而最能體大而簡賅者依次或以克蘭里(Douglas Greenlee 1973)、 薩隍(Savan1987–88)為代表， 而費斯(Fisch1978; 1986)則對普爾斯哲學及其記號學的依次發展，論述最為詳盡。此外，柯拉必勞(Colapietro)首度對「記號的主體」(*the semistic subject*)這一未開發的領域作了系統性的闡述(Colapietro 1989)。 由於普爾斯關於記號的討論原為片斷性與開創性，加上其晦澀及不一致性，學者們對其理論提出了許多的看法。這些看法對普爾斯的理論的了解都提出了某些幫助。克蘭里指出其記號理論與普爾斯的對宇宙的存在型態的分類有密切不可分的關係，指出其記號學有廣延的普遍性，像代數般有其普遍而代人的能力(Greenlee 1973)。費斯則指出其記號學與邏輯數理密切不可分，其一生對邏輯數理之研究可謂是在記號學的大範疇裡進行；指出其記號學的唯名主義(nominalism)傾向及其後普爾斯從唯名主義迫入實在主義(realist)的努力；指出普爾斯的記號理論是企圖刻劃把個人的個別心理去掉後，記號的表義活動純形

---

❶　就筆者的研究歷程而言，也看出這個重點的改變。筆者在博士論文裡(1981)第一章討論語言的肖象性， 並加人中國文字的討論，以豐富其內容，在最後的一章則把電影鏡頭的結構與中國文字的肖象性相結合，提出詩歌閱讀中「肖象性」的向度 (此節其後發表於《記號號期刊》(*Semiotica*)， 即拙著1984a)，都重點放在肖象性上。但其後於《記號詩學》(1984b)在普爾斯記號學部分，重點即移轉為三元中介的「記號衍義」模式上。又本章即為拙著《記號詩學》中普爾斯章的增修。

式的一面；其時，人心之定義是數學的，一如一條直線所獲得的數學定義， 不受線條的個別性而影響(Fisch 1978; 1986)。艾誥對普爾斯記號學的解釋與發展，是沿著其形式的、 普遍性的一面， 並置人語意學的範疇裡來討論(Eco 1976; 1979)。當然， 較早於上述諸種基本態度而具有深遠影響者， 則是莫瑞士(Charles Morris)對普爾斯記號理論的「語用主義」(pragmaticism)的強調，強調記號與記號使用者的關係，與行為主義相連接(Morris 1971)。(對普爾斯「語用主義」之強調在最近又有了新的注視， 如Eco 1979) 薛備奧則把記號衍義行為推及動物界，並將若干觀念（如肖象性）推廣及整個人文現象(Sebeok 1976; 1979)❷。

在這一章裡，筆者的目的只是要平穩地介紹普爾斯的記號學，但由於普爾斯的討論原為片斷、開創、晦澀、不一致等， 筆者也不得不大膽地作一些連絡、作一些解釋，以便於了解。同時，從記號學過渡到美學的工作，我在此只是偶爾作一些筆到的勾連而已， 細論則請參閱本書關於普爾斯美學理論的章節。

---

❷ 早期學界皆著眼於普爾斯的實用學說，及莫瑞士雖對普爾斯的記號學有所注重，但仍偏向語用主義。雅克慎以來，學界即全盤注意普爾斯的記號學，而往上推及其現象學範疇。晚近， 對普爾斯實用學說在學界又重新引起興趣， 而豪斯曼(Hausman 1993)則在論述「實用噠主義」裡，補入〈記號學〉一章，並謂其「記號學」實含攝於其「實用噠主義」範疇內云云。

第二節 一個三連一的記號定義

　　從某一意義而言，一個對於「記號」而作的周延的定義，也就差不多是一個記號理論的撮要了。誠然，普爾斯對記號所作的描述是相當複雜的，是形式的 (formal)，是關係的(relational)，牽及一個記號之成立所依賴的各個要元。對普爾斯的記號定義的了解，也可以說是對其記號學理論的一個初步了解了。這一節即作如此的初步作業。綜合普爾斯對記號所作之描述，一個記號之成立主要是依賴三個活動主體，即記號(sign)，記號之「對象」(object)及作用於記號與其對象間的「居中調停記號」(interpretant)；這三個主體的關係是相連互動的，不能削減為幾個雙邊的互動。在上述這個初步的關係網裡，普爾斯對記號所作的指述更產生某種複雜化，需作進一步的澄清與界定。為了作進一步論述之方便，現把普爾斯對記號所作的若干描述徵引如下：

　　①一個記號經由這記號所產生或界定的概定(idea)而代表某一東西。……它所代表的東西是謂「對象」(object)，它所傳達者，是謂「意義」(meaning)；它所產生的概念是謂「居中調停記號」(interpretant)。(1.339)

　　②記號乃是指任何一個東西與第二個東西(此即其對象) 藉某一品質(quality)如此地相關聯著，以致帶

出第三個東西（此即居中調停記號）並使其與這同一的「對象」進入某種關聯，並同時以同樣的方式帶出第四個東西並使其與這「對象」進入某種關聯，如此地以至於無限。(2.92)

③所謂記號衍義行為(*semiosis*)乃是一個活動，一個影響運作，含攝著三個主體的相互作用；這三個主體是為記號，記號的對象，與及居中調停記號。這是一個三方面互連的影響運作(tri-relative influ-ence)，絕不能縮為幾個雙邊的活動。(5.484)

④我的記號的概念是如此地經由一般化過程而獲得的，以致我感到相當困難讓人們了解它。為了方便了解起見，我現在把「記號」限為任何東西，這東西一方面是如此地被其「對象」所決定或特殊化，又另一方面如此地決定著「解釋者的心志(mind)」，以致「解釋者的心志」經由中間調停地、間接地為決定這「記號」的這一個「對象」所決定。這也許可看作是高度一般化了(excessively generalized)的定義吧！我把這個對解釋者心志的「決定」(deter-mination)稱作「中間調停記號」。(NE3:886。引自Fisch 1978:55)

從上述諸引文裡，正如我們前面所說的，每一個記號的成立，也就是每一個記號衍義行為，皆牽涉著三個主體，並且，是一個三方面互連的一個運作。然而，每一引文裡所表達者，仍略有些差異，這些差異開放了某些不同的透視。在第一引文裡，先有記號，「記號」產生並界定其「居中調停記號」，以代表其「對象」。似乎，其出發點為「記號」。

並且，其「居中調停記號」是一個「概念」，是由記號而產生而界定。在第二引文裡，是先有了「記號」與「對象」兩個主體的對立，然後經由他們的相關而產生「居中調停記號」。這樣，三者才產生關連。而且，「記號」與「對象」兩個主體是經由某一「品質」而相關聯著。最複雜的是，除了因「記號」與「對象」的互相關聯而產生了一個「居中調停記號」而成立了一個三者互連的關係外，這記號行為尚可衍生而帶來第二個第三個「居中調停的記號」，以至無限；這就是有名的記號底「無限衍義」(unlimited *semiosis*) 行為。我們甚至不妨認為，即使是我們尋常的衍義或表義行為，亦可視作許多瞬間，在帶來一個又一個的「居中調停記號」裡完成。有著這個認識而回到第一引文，其突然在三個主體以外冒出來的所謂「意義」，也許可看作是另一個「居中調停記號」。然而，這「居中調停記號」是對記號使用者所產生的全部效應，蓋根據普爾斯「實用噓主義」來說，「意義」就是這樣的界定。第三引文比較富有形式傾向，強調三方面互連的影響運作，不能縮為幾個雙邊的活動。但究竟是一個如何的「三方面互連的影響運作」呢？我們憑著前面數條引文的幫助，雖未必能具體地握住這「三方面互連的影響運作」，但最少可以感覺到如此的一個三邊互連。在第四引文裡，普爾斯指出他對記號的意義是經由一般化作用而獲致的，也就是形式上的，假設記號、對象、居中調停記號三個主體，而把這三個主體的「獨特性」擱置不管。但這種形式上的定義，比較難為一般人所了解，因此在這「方便」的界定裡，加上了「解釋者的心志」。普爾斯大概是以「解釋者的心志」來輔助「居中調停記號」

的不易把握。換言之，「居中調停記號」是出現於記號使用者的心志上。他把記號對解釋者心志的「決定」稱作「居中調停記號」。在第一引文裡，他用「概念」(idea) 來指稱「居中調停記號」，而此處則用更為廣延與抽象的「決定」一詞以指稱之❸。「決定」一詞的含義與第三條中的「影響」一詞的含義相當地互為呼應。但無論如何，「決定」一詞的含義是不易決定的。但這絕不成為普爾斯記號概念的弱點，蓋本來一個記號對記號使用者所產生的那個"interpretant"本就是複雜、豐富、瞬間、不易決定的。第四引文是見於他寫給佐頓(Philip Jourdain)的信上（1908年9月5日）；過了三個禮拜左右，在他寫給韋拜夫人的信裡（9月23日），他表達了相類的看法，謂記號「給予了人一個效果」(determines an effect upon a person)，並謂「給予了人」這幾個字只是為了方便人了解而已(W80–81)（引自Fisch 1978:55）。

他這裡用了「效果」一詞，恐怕必須在其「實用曬主義」裡的複雜的視野裡了解方可。如前面所說，普爾斯的記號定義本是形式性質的，其所提出的記號表義活動所賴的三個主體 —— 記號、其對象、其居中調停記號 —— 都是摒除了他們的獨特性的，是一般化了的本體。在這純形式的定義裡，甚至連記號使用者這一個要素都可被擱置。事實上，要把記號活動的三個主體（記號、其對象、其居中調停記

---

❸　筆者把"idea"譯作「概念」略有危險。譯作「觀念」或「意念」則帶有太多的主觀因素，譯作「概念」則帶有太多的抽象含義。普爾斯一回說，他所指的"idea"近乎柏拉圖所用的含義，但同時又引用我知道別人的"idea"或回想到以前的同一"idea"等平常用辭的含義來說明"idea"含義之所指(2.228)。

號）的品質或獨特性加入考慮，要把記號使用者加入考慮（假如是獨特的個人的話），那麼，整個衍義行為就非常繁複的。當然，加入這些要件來考慮是必要的，但科學的思辯，需按部就班，普爾斯對記號一詞所下的定義（至少就上述最標準的引文看來）是一個最基礎性的定義，在其上我們可以建立更複雜的架構。但作為一個最基礎、最形式化、最一般化了的定義而言，普爾斯所提供的定義與思考誠然極具價值。

我們不妨試圖用一個隨手拈來的例子，納入普爾斯上述的基本模式裡，看我們能作如何的應用。「樹」作為一個記號（一個中文的書寫語言記號），是代表而不等於樹（樹的全概念等等或實在的樹），這「記號」與其「對象」乃是一種「替代」(standing-for)的關係。單就從這「樹」記號與「樹」對象的關係而言，普爾斯會假設這「對象」對這「記號」有著一「決定」、一「影響」，兩者間以某一「品質」相連繫等。如果我們單是這樣說，我們很難真正界定兩者的關係，我們最多只能說因為先假設或先有了這個「樹」對象才產生了這「樹」記號；這「樹」記號基本上是一個武斷俗成記號，與「樹」對象並沒太大關聯；不過，就其書寫系統而言，也有若干肖象性，如此字從木，而「木」字具有相當肖象性；或者更進一步說，由於這「樹」記號與「樹」對象已經因武斷俗成關係連在一起，好像兩者已有相當程度的互為浸透云云；或者更說，在某些記號裡，其「對象」之成立不免是因其「記號」之產生之故。即使我們說得這樣複雜，恐仍未免陷於普爾斯提醒我們不要犯的毛病，不要把「三方面互連的影響運作縮為幾個雙邊的

活動」。我們必須說，「樹」記號與「樹」對象的關係不僅如此，兩者的關係是如此地界定以致帶出第三個東西，帶出其居中調停記號，也就是「樹」記號（在我們的心志裡）的一個影響、一個作用、一個決意、一個效果；其各種影響與作用，有時是一個為這「樹」記號所產生或界定的「概念」，有時是一個為這「樹」記號所產生或界定的「反應」等等；這作為居中調停記號的「樹」概念或反應，不等於「樹」對象的全部，但卻是朝向它走去。所謂三者互連影響運作，是說當我們界定任何二者的關係時，我們是把這二者與第三者的互連關係納入其關係裡。「樹」記號與「樹」對象的真正關係，不僅包括這二者的相互作用，尚包括這二者與其「居中調停記號」的互動關係。要界定「樹」記號與其「居中調停記號」之關係，亦復得把二者與「對象」之關係納入其中。一取就三者皆取，不能取其二而遺其一。尤有甚者，上述僅是「樹」記號、樹「對象」、與一個「居中調停記號」的關係。但當這三者自成其互動關係之餘，這「樹」記號尚可帶來另一個居中調停記號，這一個居中調停記號又得進入這本已成為互動的三者關係裡去活動。假如我們假設「樹」記號帶來並界定了一個概念（樹乃植物的一種，供應木材等等）作為其居中調停記號。這個概念當然與「樹」記號及「樹」對象有某種的關聯，並讓前者通向後者。同時，這「樹」記號又可滋生另一個概念或反應，如「綠意」、「森林」、「自然界」等等，於是這個新的居中調停記號與前面原已構成了一環節的三個記號主體作用著。這作為居中調停的記號可以一個又一個地滋生、覆蓋、疊合於一次又一次的「三個互連的影響運作」，不停

地推衍下去。普爾斯的記號概念誠然是非常繁複的。

第三節　現象學下的記號分類法

　　上面以三個主體構成的基本表義過程是關係的(relational)、規範的(normative)、形式的(formal)，並且把解釋者暫時拋開，故其表義過程是一個內延(immanent)系統。在這內延系統裡，三個主體的進一步界定與及其相互關係的進一步界定，將會使這個內延表義系統更為具體地豐盛。要對這些作進一步的界定，也許我們可以說，要對這些主體及關係作「品質」上的考慮，就需要與普爾斯的哲學聯結在一起來討論了。克蘭里把普爾斯的記號分類與其現象學相連接討論，加深了我們對普爾斯記號學的了解。西門(J. Jay Zeman)甚至稱普爾斯的記號理論為經驗的理論，為意識的理論，並以其現象學為其記號理論的脊骨(1977)。普爾斯把記號學列人其規範科學(normative science)之中，包括邏輯、美學及倫理學，但普爾斯未明言其記號學屬於三者中之何者。克蘭里認為記號學不是與邏輯相認同便是屬於邏輯中的一部分(Greenlee, pp.15-16)，蓋普爾斯謂「所有思想皆經由記號而進行，而邏輯也許可看作研究記號的通則的科學」(1.444)。然而，普爾斯進一步說:「現象學(science of phenomenology)必須作為規範科學的基礎」(5.39)。普爾斯的現象學的中心所在也許是其為現象學所提供的一個三分法。他說，這三個範疇或概念是把「思想」邏輯地加以分析而來，可以用來描述「存在」(being)，可以用來描述

亞里斯多德與及康德的十二範疇(1.300)。這三個範疇或概念是為「首度性」，二度性和三度性。普爾斯這些現象學概念是非常艱深晦澀與豐富。

普爾斯說，「首度性」是指一種存在型態(mode of being)，實存而不需依賴與任何其他東西發生指涉而言；「二度性」是指一種存在型態，二度而丟開三度性不關；「三度性」是指一種存在型態，把一個「首度」與一個「二度」帶入一個相互關係(8.328)。「首度性」是以「新鮮、生命、自由」為其特性(1.302)，大概是指「存在」的豐富而不可捉摸的品質，是未進入「二度」時的存在型態。「二度性」是以限制(constraint)、因果(causation)、止歇(static)為其特性(1.325)，大概是指存在於時空的作為事實性(factual)存在的世界，對「首度」的「存在」而言是謂「二度」。「三度性」很顯然是一種居中調停性(mediation)，把「首度」與「二度」帶入某種關聯。與這「三度性」相啣接的概念，有一般性、無限性、連續性、分散性、成長性、理知性等(1.340)；也許，「三度性」這一範疇是以這些概念或法規把存在底「首度性」、「二度性」居中調停而啣接起來，把新鮮、生命、自由的首度存在世界與有著各種限制的事實性的二度存在世界居中調停而啣接起來。誠然，普爾斯以「認知」(cognition)歸屬於「三度」(1.537)。克蘭里把這存在型態的三個範疇與普爾斯的「或存」(might be)，「實存」(happen to be)與「依條件而存」(would be)相提並論，有助於對這三個存在範疇之了解(Greenlee 1973:33–42)。無論如何，普爾斯提醒我們，這對存在型態所作的三個分類尚達不到「概念」這個層次，不妨稱之為「思想的調子」(moods or tones of thoughts)(1.356)。

「記號這一觀念」(idea of sign)是屬於「三度性」(1.339)。記號行為本身是一個居中調停行為、是一個認知行為，是界定於存在型態裡的第三型態。普爾斯謂：「在這真正的三度性裡我們看到記號的運作」(1.537)。然而，普爾斯的「首度性」、「二度性」、「三度性」不僅應用於「存在型態」的分類上，尚廣泛地應用於各處。如前面所言，記號的運作是屬於「三度」存在型態，而在此「三度」範疇裡，普爾斯會進一步把「記號」描述為「首度」，其「對象」為「二度」，其「居中調停記號」為「三度」。普爾斯說：記號，或者「再現」(representamen)是一個「首度」。它與被稱為其「對象」的「二度」，處於一個如假包換的三元中介關係，以致於它能決定一個被稱之為其「居中調停記號」的「三度」，使其對此「對象」有著同樣的三元中介關係，使其代表著同樣的「對象」(2.274)。同時，這首度、二度、三度的觀念尚應用於其對「記號」依各種透視而作的分類上。

普爾斯於一九〇三年左右提出了三個三分法以描述記號的可能分類。他說：

> 記號可以三個三分法來分門別類。第一個是依記號本身來區分；看它是否僅指稱為一品質(quality)，抑或指稱為一存在物(actual existent)，抑或指稱為一通則性的東西(general law)而言。第二個是根據記號對其對象的關係來區分；看其關係之成立是否在於記號本身有著某種特性(character)，抑或在於二者間有著某種存在的關係(existent relation)，抑或在於兩者間的

居中調停記號而帶上關係而言。第三個是根據記號底居中調停記號而區分；看這居中調停記號把這記號表現為一個「可能」(possibility)的記號，抑或一個「實際事實」(fact)的記號，抑或一個「論辯」(reason)的記號。(2.243)

依照第一個分類標準，普爾斯區分記號為品質記號(qual-isigns)、實事記號(sinsigns)和通性記號(legisigns)(2.244)。依照第二個分類標準，得肖象記號(icons)、指標記號(indexes)和武斷俗成記號(symbols)三類(2.247)。依第三個分類標準，得詞類記號(rhemes)、命題記號(dicisigns)與論辯記號(arguments)三類(2.250)。而事實上，這三個分類標準都只是「記號」的三個面，故一個「記號」可就其含攝這三個面中的某一項而界定（如含攝品質性、肖象性、詞類性而構成一個記號）。依這個方法而進行，普爾斯提出了十個記號類別(2.254ff)。其後，普爾斯更擴大記號的分析面，擴大至十個三分法，互相配合而成為六十六個類別(8.344)。

　　普爾斯上述的三個分類標準及其每一範疇的三分法與其存在型態之初度、二度、三度之三分法有著某種關聯。第一個、第二個、第三個分類標準，與存在型態之一度、二度、三度相平行。在每一範疇裡，其一、二、三類亦可與其存在型態之一度、二度、三度相平行。第一個分類依記號本身而分，不受記號的對象（二度性）及記號的居中調停記號（三度性）影響。第二個分類依記號與其對象之關係而分，涉及了記號的對象（二度性），涉及了存在型態之二度性，非僅就記號本身而分。第三類依記號的居中調

停記號表現記號為何這一角度而分，涉及了記號的居中調停記號（三度性），涉及了存在型態之三度性，蓋其涉及這「三度世界」如何調停其前行之一度、二度這一問題。在這三個大範疇裡的第一項皆有著一度性(品質記號之品質、肖象記號之性格、詞類記號之不管真假的可能性)，第二項皆有二度性（實事記號的事實性、指標記號的因果性、命題記號之真偽可論性），第三項皆有著三度性，也就是居中調停性（通性記號之通則性、武斷俗成記號之記號關係、論辯記號之論辯性）。

　　無論如何，我們得牢記記號乃經由三個主體的互動關係而構成這一個基本架構。在這個架構之下，所謂「記號」已不是作為記號活動的三個主體之一的「記號」，而是含攝著其對象、其居中調停記號的「記號」，是一位三體的「記號」。上面「記號」之分類也就是這「三位一體的記號」的分類。當普爾斯提出第一個分類，謂「依記號本身來區分」，並非說記號可排除了其對象、其居中調停記號而能成立，只是把這二主體擱置不論而已。普爾斯對這第一範疇裡的三種記號有進一步的解釋如下：

　　　　記號或屬於表象〔筆者按：據下文，實應稱表象的品
　　　　質〕，此我稱之為品質記號；或是一個別的客體或事
　　　　件，此我稱之為實事記號；或屬於一般類型的，此我
　　　　稱之為通性記號。當我們通常用「字」這個詞彙時，
　　　　如「這」是一個字，「一」是一個字等，這個「字」
　　　　是一個通性記號。但當我們說這頁書上有兩百五十個
　　　　「字」而其中二十個為「這」時，這個「字」是一個

實事記號。當一個實事記號以這種形式來給予一個通性記號以身軀，我稱前者為後者的複製。品質記號與通性記號皆不是個別的東西，兩者的分別是：通性記號有一定的身份界定，雖然在外形上可有各種差異。"&"、"and"、與及其發音皆是同一字。相反地，品質記號卻沒有其身份界定。它只是表象的品質(quality of an appearance)，而且是瞬間地不斷變化著的。雖然品質記號沒有身份界定，但它卻有其類似性，假如改變太多的話就不免被稱作另一品質記號了。(8.334)

從上面的引文裡，這三個分類是就記號本身而著眼，但所謂記號本身，恐非所謂「記號具」(signvehicle)，而是記號之隸屬於存在型態之一度、二度、三度而言。品質記號與通性記號皆非個別的東西，但通性記號所經由其複製的實事記號去界定、去了解；但品質記號就不易了解了，蓋其屬於存在的「一度」型態，是新鮮、生命、自由的存在世界。這一個分類範疇是特別地現象學的，記號活動雖屬「三度」，但又卻是如此地迫近存在之「一度」、「二度」。

同樣地，當普爾斯置其第二分類的立足點於記號及其對象的關係時，並非謂記號活動可從三元互動削減為幾個二元活動，只是謂在三元互動之前提下，作如此的低次元的觀察。故肖象記號之依賴其本身特質，指標記號之依賴其對象的存在相關性，武斷俗成記號之依賴其居中調停所賴之約定俗成原則，並非謂三主體互連互動的記號構成被忽略，而只是就其所依賴的重點而分。在進一步討論這個被普爾斯稱為是最根本的三分法(2.275)之前，讓我們徵引

其簡單的界定如下：

> 對記號的本質作分析的結果，使我們確信每一個記號
> 都由其對象所決定。　記號或在其對象的性格上作參
> 與，此我稱之為肖象記號；或在實際上在其存在上與
> 其個別的對象有關聯，此我稱之為指標記號；或帶著
> 相當的確定性，　知道其將會被解釋為指陳某個對象
> ——這是由於「習慣」而來的，我以「習慣」為一種
> 自然的傾向——此我稱之為武斷俗成記號。(4.531)

普爾斯對這個三分法作過很多次的描述，每回都有些差異，
甚或有些矛盾；我這裡無法也無意要調解這些矛盾或綜述
所有差異，只能強調幾點我以為根本或有啟發性者。在前
面「記號可以三個三分法來分門別類」(2.243)一引文裡，
普爾斯並沒有強調「對象」決定「記號」這一看法，而在
這一引文裡(4.531)，記號的形成幾乎是由於其對象之故，
是強調了「代表」(standing-for)這一記號關係。而在前面記
號底三主體——記號、對象、居中調停記號分別隸屬首度、
二度、三度的引文裡(2.274)則又賦予了記號主導性，以帶
出其對象及其居中調停記號。同時，「居中調停記號」(inter-
pretant)一詞裡的詞頭(inter-)就含有「居中」與「中介」之
意，而普爾斯本人更明言，所謂「三度」(「居中調停記號」
為一個「三度」) 即為「中介」(1.328)，而「中介」即為「絕
對的首與尾的相連結」(1.337)，故「居中調停記號」之「調
停」與「中介」於「記號」與「對象」之間，殆無疑義。
然而，普爾斯又謂：「記號在其居中調停記號及其對象之間

中介著」(8.332)。故筆者以為，三者實互為中介，而這互為中介，即表現在「記號衍義行為」一引文裡(5.484)，筆者並以此為普爾斯三元中介模式的標準表達。

在這個三分法裡，肖象記號促進我們了解其對象、指標記號為我們指向其對象， 武斷俗成記號為我們指陳(denote)其對象。普爾斯在上面的引文(4.531)及在他處(2.247)告訴我們，肖象記號在其「對象」的性格上作參與，擁有其對象某些特質。那麼，經由肖象記號便可對其所代表的對象有所認知了。誠然，普爾斯說，構成「肖象記號」的特殊性，乃是經由對它的直接觀察，我們可以發現某些關於其「對象」的認知 (truths)(2.279)。讓我們暫時縱容我們的想像力，把「人」看作一個記號，也就是把活生生的一個實存的「人」看作一個「記號」，也就是把他置入存在型態的第三度裡，把他置入我們的思維裡加以思維，加以居中調停。這作為「記號」的「人」與這實存的「人」便成為了記號行為裡的兩個主體，即「記號」及其「對象」，其中間可以引發許多「居中調停記號」。當然，這個「人」記號與這個「人」對象共有著許多特性，或者說，這個「人」記號參與了「人」對象的個性；於是，對這「人」記號的各種現象、各種調停、各種思辨，當然對這「人」對象（活生生實存的個人）有所認知了，蓋研究此「人」記號在某意義上也就是研究此「人」對象。再降一個層次來論，一個畫家或雕塑家為某一實存的「人」作畫或塑像，其所成畫或塑像乃是此「人」(此時變為了記號之對象)之記號了，如果我們把這畫或塑像與這人連起來，而以此畫或塑像作為此人之記號的話。當然，當我們審視這畫或塑像時，我

們是可以增進對其對象之認知（當然，這個認知也許也會錯誤的!）。事實上，畫家或雕塑家去作這個「對象」的記號之時，是居中調停了二者，是解釋或發掘了其「對象」的某些特性，並非僅是外表的類似，而或更有其精神、風采上的發掘、把握等，故這畫這塑像這記號實亦參與了其「對象」的個性。從這個角度來看，以「相似性」(likeness)來描述「肖象記號」，來描述其「記號」與其「對象」的關係，恐怕是不足的，雖然普爾斯在另些場合裡一再說「肖象記號」是建立在「類似」關係上(2.247; 2.281)。在原始社會的類同魔術裡，以草或其他東西紮成某人之形而以利器穿插之以害某人，雖然這「草人」（記號）及其要害之某人（對象）是建立在「相似」關係上；但很顯然的，在使用這魔術的人（記號使用者）來說，這「記號」對這「對象」並非僅是「相似」，而是在生命裡相通。（如果這魔術奏效的話，更顯然證明這「記號」及其「對象」並非僅建立在類似關係上了!）

　　「肖象記號」與其含攝之「肖象性」在普爾斯現象學中屬於首度，應擁有首度性的特質：以「新鮮、生命、自由為主導」(1.302)，並表達在其「無限的、不受覊束的多樣性與繁富性上」(1.302)等，也同時應包括隨興、進化、誘設等屬於首度的機制。當肖象記號或肖象性與其他屬於首度的記號範疇相結合，則是最純然的肖象記號或肖象性了。這個結合，在普爾斯的分類上，即為「肖象性」、「品質性」、「詞類性」的結合，也就是首度中之首度之首度，也就是「詞類性肖象性品質記號」(rhematic, iconic qual-isign)，也就是「純然的肖象記號」(pure icon)了。普爾斯說：

「純靠賴其品質的肖象記號只是一個可能性而已；而其對象也必得為一個首度性的東西」(2.276)。此應指「純然的肖象記號」而言。美學及藝術上所研究、追求、表達者，即為這種最高的首度性，而以其只是表達一種可能，一個捉摸不定的東西，故美學經驗必得賴冥思以求之（關於普爾斯之美學，請參下一章）。筆者以為，中國美學上所說之「山水以形媚道」的山水詩之精者，殆近此精妙的肖象境地。最純的肖象性，可謂無從可得而論之。故可論者，往往是此肖象性落實於實存世界而成為之「次肖象記號」(hypoicon)（薩隉即以此為iconic sinsign; Savan 1987-88: 34，即肖象記號與實事記號的結合）。普爾斯把「次肖象記號」分為三類，即「意象」(image)、「圖列」(diagram)及「隱喻」(metaphor)。「意象」是「首度之首度」，對「純然的品質有所參與」(2.277)。那麼，照推，「圖列」應是「首度之二度」，「隱喻」應是「首度之三度」。「圖列」則經由「彷若」的關係(analogous relations)再現了主要是或被認為是的二元相對的關係，「隱喻」則是「經由他物以平行形態重現這重現品有代表性的特性」(2.277)。換言之，「意象」是內向的，「隱喻」是外向的；「意象」是在「品質」上參與了其所代表的「對象」，而「隱喻」是在他物身上建構其「對象」的一個平行以重現此「對象」。這個差別實有助於吾人對這兩者之認識。

如果在肖象記號裡其記號及其對象是如此地密切相貫著（並非僅僅的相似），指標記號卻只能帶引我們至其「對象」之前庭，而無法參與其「對象」，雖然在指標記號裡其「記號」與其「對象」有著因果或事實性的關聯。普爾斯

對指標記號最少提出了五至六次較詳的陳述，但每次都有點差異甚或互為矛盾（參Greenlee 1973:84–93）。普爾斯一回說：「一個指標記號並不堅稱什麼。它只是說：『看，這裡!』它好像抓住我們的眼睛，勉強我們的眼睛朝向某一特殊對象，然後就在這裡停下來了」(3.361)。讓我們用醫療上的所謂病癥來作例。生病往往有著其病癥，如頭痛發燒等，最為常見。當頭痛發燒被準確地被解釋為感冒的病癥、感冒的指標記號時，頭痛發燒這一個指標記號的功能就停止了，它不能再進一步進入其對象（感冒）的世界裡而讓我們對「感冒」有所認知（最多的認知只能說感冒往往會頭痛發燒；但頭痛發燒之成為感冒之指標記號已先含攝這個認知；故對指標記號之觀察並不能增加對其對象之認知）。

武斷俗成記號則將會解釋為指陳其對象。從我們上面的透視裡，肖象記號是參與其對象之性格(4.531)，指標記號則到達其對象之前庭便停止(3.361)，武斷俗成記號則「指陳」(denote)其對象(4.531)。然而，什麼是「指陳」呢？它不是參與性、不是存在關係的指標性，剩下來的選擇就恐怕只是名義上的「代表」(standing-for)關係，也就是最正常的記號關係了。在另一場合裡，普爾斯用「資詢」(referring)一詞，謂「一個武斷俗成記號乃如此地被解釋而得以資詢到其對象」(2.249)。也就是說，一個武斷俗成記號的「記號」本身不能告訴我們什麼，只是一個作為其所資詢的「對象」的一個名而已。但同時，普爾斯指出一個武斷俗成記號所含攝的「對象」必須是通性的，武斷俗成記號必須是一個通性記號(legisign)(2.249)。如前面所說的，一個通性記號並非一個個別的物，但其卻有著身份之界定。簡言之，

武斷俗成記號的對象常是一個概念，而其本身是一個通性記號。如果一個武斷俗成記號只含有一個分子，也即是只含有一個複製，那麼，這個記號是被稱為「一個未臻完全的武斷俗成記號」(degenerate symbol) ❹。無論如何，在這三類記號裡，就其「記號」與其「對象」的關係而言，武斷俗成記號不經由其記號之參與或事實上的指標作用（僅經由解釋）而直接代表其對象，而其對象又必為通性者，有著身份之界定(identity)；那麼，它是最為「三度」，最適合於成為思想的媒介，蓋思想本身乃存在型態之三度。

事實上，肖象記號、指標記號、與及武斷俗成記號是代表著三個記號與其對象的三個關係，可就其所代表之關係而稱之為肖象性(iconicity)，指標性(idexcity)和武斷俗成性(symbolicity)。猶有進者，武斷俗成性實亦存在於前二種記號中，存在於前二種的表義行為裡，蓋無論記號與其對象有著多麼密切的肖象關係或指標關係，記號之代表其對象仍得靠某種解釋而加以聯繫、靠某種習慣而作如此如此地解釋而加以聯繫。普爾斯在某些場合裡對此有所言及，指出肖象記號的「相似性」可受成規(conventional rules)之助(2.279)，指出指標記號需賴記號使用者的記憶把這記號帶進其對象(2.305)。所以，如克蘭里所指出，武斷俗成性實為所有記號行為所必具，只是在肖象記號裡尚有其肖象性所產生的助力（克蘭里根據普爾斯的論述而界定出其所謂展示功能，p. 79），只是在指標記號裡尚有指標性所產生

❹ 所謂「未臻完全」(degenerate)是指沒有朝向這個類屬應有的屬性這個朝向充分發展之義。這概念亦可用於「肖象記號」及「指標記號」範疇上。前章已有闡述。

的助力（普爾斯界定出其所謂推動功能）(2.306)。如果我們應用當代流行的「上置」模式，我們不妨謂這肖象性（及其展示功能）、這指標性（及其推動功能）是上置於這記號行為必賴的武斷俗成功能之上。同時，由於武斷俗成記號之缺乏（或不缺乏而僅貧弱）前二者，遂以其「依賴於習慣」為其自身的辨別；而所謂習慣，如前面普爾斯所言，乃是一種自然的取向，故亦非完全武斷者。如果我們擴大我們的視野來看，什麼東西不可與另一東西產生某種相似性或某種事實關聯的指標性？這只是一個程度的問題，甚或只是一個觀點問題，甚或只是一個文化上的習慣問題。就這個意義而言，表義過程裡記號與其對象之間所擁有的肖象性、指標性及武斷俗成性，只是就我們的文化所造就的自然取向裡，我們會如此地作次元性的區分。

　　在我們結束對普爾斯記號學討論之前，讓我們很簡短地略述一下其第三個三分範疇。第三個範疇是就記號的居中調停記號把記號解作詞類記號(rheme)、 或命題記號(dicisign)、或論辯記號(argument)而分。這三者的關係就猶如傳統對詞彙(term)、命題(proposition)和論辯(argument)所作的辨別(8.337)。所謂詞類記號，是一個詞彙，是一個命題的單位，本身無所謂真假，它只是一個可能。命題記號有真假可言，但並不是要堅稱什麼。一個論辯記號卻是一個論辯，但論辯並不是一定需要慫恿什麼(8.337)。在記號構成一活動裡，記號、對象、居中調停記號是三連一的，上述的三個三分法及其後的三分法皆是用各種觀點來界定記號（含攝著另二要元）的分類。事實上，我們也可以在承認三連一的前提下，從「對象」本身及「居中調停記號」

本身的角度對「對象」及「居中調停記號」作分類。普爾斯把記號的「對象」分作兩類，一為「直接對象」(immediate object)，一為「動力對象」(dynamic object)。前者「是在記號裡所再現者」，而後者「則記號無從加以表達之，只能指陳它之後讓解釋者經由相關的經驗以尋獲之」，蓋其來自物界(from the nature of things)故(8.314)❺。普爾斯把「居中調停記號」分作三類，即「情緒居中調停記號」(emotional interpretant)，「動力居中調停記號」(energetic interpretant)與「知性居中調停記號」(intellectual interpretant)。這個分類是用來解決一個「概念」的「意義」這一問題的。「情緒居中調停記號」是記號引起記號使用者的一個感覺(feeling)，這個感覺證明了這「記號」的存在。接著，記號使用者會在這「感覺」之上，產生一個需要動力的反應，這反應或會產生實際行動（如，放下「武器」這個記號或會引起這麼一個相應動作），但往往產生心象居多。這個居中調停記號是為「動力居中調停記號」。「知性居中調停記號」則有別於前二者，簡單言之，是一個一般性的「概念」（以上據5.475）。但這「知性居中調停記號」並非僅停止於「概念」而已，它會刺激我們內心世界而使其有所行動，比較而言是屬於將來式的(5.481)；並且，會進一步改變我們的習慣(5.491)。普爾斯上述對「居中調停記號」的分類及描繪，開出了其記號學的語用範疇(pragmaticism)，與其「實用噫

❺ 根據薩隄的研究，普爾斯的「動力對象」可細分為三類，一為品質的，如美、音色等包括品質上可能的東西，二為時空所圍的各種情景，如閃電、戰爭等，三為能用命題來表達的各類規律、習慣等(Savan 1987–88:27–28)。

主義」相連接❻，同時增進了我們對居中調停記號及整個記號構成行為之了解。由於篇幅有限，我們僅略述如上。至於其他的諸種分類，不得不置於本綜述之外了。

記號是複雜的一個東西，什麼東西都可以成為記號，同時，「什麼東西都不是記號，除非它被解釋為記號」(2.308)。記號底活動所包括的三個主體是豐富的，其三連為一的記號關係是繁富的，他們皆可以從不同的透視或角度裡去描繪；然而，這各種的透視與角度不正是牽涉及整個人文現象嗎？結果，一個周延的「記號」底定義竟與整個人文現象相表裡，從這個意義上來看，對「記號」的描述是無止境的，並且由於這無止境，對其描述不得不是暫時性的，我們得決定在那裡停止。也許這是我在這個綜述所獲得的結論吧！無論「記號」是如何的繁富，對它的描述是如何地無止境，我們畢竟生活在一個為宇宙所滲透了的世界：「如果我們不能說這宇宙是完全由記號所構成的話，我們至少可以說這宇宙是滲透在記號裡」(5.488n)。誠然，我們面對宇宙諸物時，我們往往並非面對其物質世界，而只是把他們看作記號；或者，更準確地說，我們把它們看作是物並同時把他們看作是記號。

---

❻ 「知性居中調停記號」的代表類型應為「概念」(concept)，與其「概念論」及「意義論」相連接，「情緒居中調停記號」的代表類型應為「感情或感覺」(feeling)，與其美學及詩學相連接。至於「動力居中調停記號」，就猶如普爾斯對「二度世界」的態度，覺其侷限與約束，但卻要朝向實用與實驗以檢證之，而與其實用、實踐精神相表裡。

第五章

美學理論

第一節　前言：早期的美學教養

從整個美學史的長河來觀察，「美學」(aesthetics)無法完全逃避個人「品味」的問題，而普爾斯成長過程裡所擁有的美學及文學背景，應構成了他在這方面的基本視野與傾向。普爾斯雖自承是長大在「科學的圈子裡」，但其包括遠近親在內的家族圈子裡，對文學、戲劇、及其他藝術型態都有所嗜好。他們常去劇場，在家裡招待演員，以及在家裡作遣興的演出等。普爾斯的父親還是「禮拜六俱樂部」(Saturday Club)的成員，該俱樂部的成員包括當時顯赫的文學界人物，如愛默生、郎法魯(Longfellow, 1807–1882)、羅威爾(Lowell)等(*WCP* 1982–93: 1, xvii)，而愛默生更為普爾斯尊為父執輩的長者（同上，5, xlii）。事實上，普爾斯在少年時期也雅愛寫作，寫有詩歌及短篇小說(Thomas Winner 1994: 278–79)。愛倫・韋納(Irene Winner)甚至謂，普爾斯一直對於文學與藝術沒有忘情，其哲學可謂隱藏著一個藝術的「次書篇」(sub-text)(1994: 123–25)

在哈佛大學部時，普爾斯所撰作文其中若干與美學及藝術有關，包括對席勒的《美學信札》(*Esthetic Letters*)的討論以及對畫家拉斐爾(Raphael, 1483–1520)與雕塑家米開朗基羅(Michaelangelo, 1475–1564)的比較等；二篇現收入其《普爾斯編年全集》中(*WCP* 1982–93:1, 10–12)。普爾斯徵引席勒對「美」(beauty)的界定：「能作為視覺底對象之物可以四種不同的關聯以思考之。……最後，此對象可與

我們所擁有的諸種不同能力之整體相關聯，而不為其中任何的一種所獨占，此即為其美學底品質(aesthetic quality)。」引文中之前三種即為物態的、知識的、與邏輯的品質，而美學品質則為此三種品質與關聯的綜合。普爾斯繼續徵引席勒的定義，謂人可以經由其外貌、其語言、其個性來推薦他自己與及給予人們感召；然而，「除此之外，人可以經由其能為感官所認知的表達(empirical expression)，並在純然的觀照(pure contemplation)裡來娛悅我們，其時不必依循法規以作判斷」。所謂「能為感官所認知的表達」，應是指經由語言、繪畫等創作性的表達形式。普爾斯指出後者即為席勒所說的「遊戲的衝動」(play-impulse)，「美」即為純然的觀照與自由。普爾斯文中的主旨是把這種綜合性的能力的表達與發揮，視作「人性」的必須的條件(necessity of condition)，並以此來辯護「美」的無用之用。事實上，普爾斯在大一時，就私自精研席勒的《美學信札》，並在其「紀念冊」(class-book)上註明此事（收入其《普爾斯編年全集》中），而普爾斯日後回顧說，其進入哲學是從美學開始(5.129)。為何普爾斯沒進一步研究美學？學者猜測或以其鍾情於邏輯故（參Anderson1987:3）。普爾斯以後在其「實用嚦主義」裡，雖對席勒的「人文主義」(humanism)有所微詞，以其未能符合「實用嚦主義」的各項要求，但除此以外，對其整個人文視野，並不相違。我們不妨謂，席勒的《美學信札》對普爾斯的美學思維，有深遠的影響；同時，雖然普爾斯的美學自有其特色，但究言之，就富有人文或人文主義精神而言，與席勒一致。

　　至於拉斐爾和米開蘭基羅的比較一文，值得注意的有

兩點。其一，他用了「雄渾」(sublime)和「秀美」(beautiful)兩觀點，以前者屬於米開蘭基羅，後者屬於拉斐爾。這是否反映著他接受並應用了康德的美學？普爾斯自認，未成為「實用噬主義者」之前，是康德的信徒，但學界及他本人所強調的，是康德《純粹理性批評》(*The Critique of the Pure Reason*)一哲學論著，而非康德的美學論著。普爾斯美學理念與康德美學的關係究竟為何？尚待進一步的追詢。其二，普爾斯用了男性或陽剛(masculine)與女性或陰柔(feminine)來辨別米開蘭基羅和拉斐爾，謂前者擁有陽剛的心智，後者擁有陰柔的心腸，並以愛、多樣性等作為後者的特質，略為跡近當代「女性主義」所謂「女性書寫」(*écriture féminine*)。其三，在「陽剛」與「陰柔」相對立，在「雄渾」與「秀美」相對立的論述裡，顯然以「二元對立」(binary opposition)的思維模式作主導。然而，在同一文章裡，又謂人類的靈魂，有三個迥異的元素，即知性(intellect)，「感性」(heart)和「物色」(sense)，並分別稱之為第一人稱的「我」，第二人稱的「您」，與及第三人稱的「它」。這又顯露了普爾斯最終選擇並加以高度闡發的三元模式。

第二節　規範科學範疇裡的美學

我們現在從普爾斯的哲學系統裡以見其美學定位。普爾斯把哲學分為三大範疇，即：現象學(phenomenology)、規範科學(normative science)，和形而上學(metaphysics)(5.121)，而「規範科學」則包括倫理學(ethics)、美學、和邏

輯學(5.129)。所謂「規範科學」乃是「研究現象與及目的二者關係所涉及的普遍與必然的法則」(5.121)，而倫理學、美學、邏輯學，「皆是純理論性的科學，並建立雖未必給予遵守或應予遵守的標準類型或規則」(2.156)。換言之，即三者皆具有規範的功能，規範著人們的行為，故筆者逕譯為「規範科學」。然而，三者著眼點不同，「美學著眼於那些其目的在於給予情感或感覺(feeling)以身軀(embody)的東西上，而倫理學著眼於其目的在於行動的東西上，邏輯學著眼於東西的代表上」(5.129)。就美學而言，可注意者有二，㈠美學的「客體」所具有之內涵為「情感」或「感覺」；㈡美學的「客體」與所含之「情感」或「感覺」的表義關係為「賦予身軀」，即有如精神與形體之相連。我們如果追問：什麼東西、什麼現象、什麼記號能符合這個表義關係？那我們就不得不聯想到普爾斯「記號學」裡的「肖象記號」(icon)了。誠然，「肖象記號」在普爾斯美學上扮演著一個重要角色，此後詳。

普爾斯給予「美學」崇高的規範功能。普爾斯這位畢生以邏輯學為研究對象的人，說道:「邏輯需要美學的幫助」(2.197)，因為邏輯上的決定最終含攝著「品質上的贊可」(5.130)。而倫理學也需要向美學上的「理想」(ideal)作諮詢，因為「道德上的美好(good)只是美學上的美好(good)的一個特殊品種而已」(5.130)。簡言之，倫理學上的「善」與邏輯上的「真」，都離不開美學上所處理的「美好」、「理想」等「品質」上的課題。

普爾斯接著進一步闡述美學上何謂「美」的問題，說:

美學上美好的客體，必然有著許多局部，互相關聯以致賦予其全體一正面的、簡純的、立即的品質(a positive simple immediate quality)。只要是這樣，就即獲得美學上的美好，無論其全體所實際產生的特殊品質為何。即使這特殊品質使得我們作噁、恐懼、或者干擾我們以致於把我們拋離了美感的樂趣，拋離了對這品質的身軀(embodiment)純然的冥觀，這客體不改其為美學上的美好，即使我們未能對此加以寧靜的美學的冥觀。就像昔日阿爾卑斯山對人們未能引起美學的反應，蓋其時人類的文化對雄渾的力量所產生的印象，無可避免地與活生生的阻卻與恐懼相連繫。

(5.132)

這一個闡述相當精闢。首先，「美感」是由諸局部互相關聯所產生的全體感，這點與西方美學源頭的「有機論」(organic theory)一脈相承；但其中某程度地加上了普爾斯哲學系統的特色，也就是普爾斯「現象學」裡「首度」存在型態的「品質」世界：正面的、簡純的、立即的、品質的。其次，「美感」是一個特殊過程，也就是從局部的關聯裡獲得通體，以進入其品質世界的首度性，而不管此品質的特殊性，噁心、恐懼也無妨其為美感經驗；一般的所謂美與醜，於此失其立足之地。故普爾斯的美感經驗，是開放性的、異質性的、容納差異性的；故普爾斯稍後說，「可有多樣的美學上的差別」。我們在此不妨借《金剛經》的話來說明：「一切賢聖，皆以無為法，而有差別」。即「美感經驗」以「美感過程」為「法」，而其「品質」有「差別」，皆「不失」

其為「美感經驗」。最後，普爾斯所舉十八世紀中葉以前的歐洲人，未能對歐洲的最高峰阿爾卑斯山產生美感經驗，因其雄渾帶來阻卻與恐懼感故。此點，讓我們聯想到康德美學上的「雄渾」(the sublime)觀念。但普爾斯加上了其文化的視野（也許可稱之為「實用嚙主義」的視野吧!），點破此為當時文化環境之局促故。如我們所知的，浪漫主義時期就克服並改變了這文化視野，終能對「雄渾」之「山水」產生美感❶。

所謂諸局部所產生的通體感，所謂美，普爾斯在他處指出，英文裡沒有恰當的字眼表達此美學所依據的通性，只有希臘的"*kalos*"一詞比較接近(2.199)。奧根特(Max Hocutt)以為英文裡的"harmony"（和諧）最能接近"*kalos*"的詞義(1962)。普爾斯指出，「美學」的純粹境地乃是包括「我」(ego)和「非我」(non-ego)等各種「對立」的消失(2.199)，故「美學」上的「和諧」乃是指各種「對立」的「泯除」。

普爾斯多次論述美學時，都以美感賴於對客體的冥觀(contemplation or medictation)(5.114; 5.132)。「冥觀」就牽涉

---

❶ 歐洲十八世紀中葉以來的「浪漫主義」，其成形牽涉到哲學上、宗教上各種視野的改變，而在美學上則為「雄渾」概念之誕生。此詳見尼可遜(Nicolson 1959)。其書名《山之黯森與山之榮采》(*Mountain Gloom and Mountain Glory*, 1959)即標誌著當時對崇山峻嶺的經驗上的改變，由恐懼而轉為對其雄渾作美學之觀照。本書此章〈普爾斯的美學理論〉原稿曾以〈普爾斯的美學／文學理論綜論：規範科學、記號學、進化論的多重架構〉發表於《中外文學》(28卷12期，2000年，pp. 108–130)，並獲國科會獎勵，僅此致謝。

到客體的形式或形相(form)，而普爾斯以為「形式」或「形相」乃是「數學式」的。他說：「每一事物的真諦完全在於其數學形式」(mathematical form)，此在「規範科學」上尤為重要(1.551)。美學客體上「數學」式的形相是建立在各局部的互相關聯以達到通體的統一上。普爾斯談論音樂的美及繪畫之美，皆以此為依歸。普爾斯說：音樂「存在於諸樂音相繼的秩序裡。這些樂音在不同的時間裡打動著我們的耳朵。去懷想認知音樂，就得賴於意識的某種的連續性把占有一段時間的音樂事件通體呈現於我們面前」(5.395)。這裡是指音樂的時間之流裡有其秩序，並且得賴人類意識某種連續性以認知此時間之流之通體及其秩序。普爾斯不但認知到音樂的時間架構，並同時認知到音樂的空間架構，說：「一首音樂可能分幾個局部來撰寫，每一局部有其自身的旋律。於是，眾多不同的連續性的、關係性的系統(systems)遂在同一的音樂感裡一齊演奏下去。這些不同的系統乃是由不同的母題、意念或功能加以識別」(5.396)。音樂的空間架構，也就是音樂裡不同旋律、含著不同母題、意念等的眾多連續體所構成的一個複合的系統；視之為「數學」的形式，可謂名實相符。繪畫的結構也是如此。普爾斯以一幅印象派的海景為例，說：「海景中的每一品質都是畫面裡最基本的彩色的斑點。它們是用來配搭一起以構成有意表達的屬於全畫面整體的品質。這整體的效果非目所能窺，但我們可以某程度地賞覽屬於整體的各局部所產生的品質——這些品質是屬於海景的各基本品質組合而成」(5.119)。各種品質、各種彩色點的組合與及其通體感，也就是繪畫的「數學」的形式了。普爾斯上面的

論述，背後迴響著自柏拉圖以來的「有機論」(organic theory)，但他一方面賦予以數學的視野，與當代之強調系統性同趣，一方面又切入普爾斯美學特有的品質的世界，此即為普爾斯的美學上的數學形式論。

前面普爾斯謂美學「客體」所具之內涵為「感覺」(feeling)。事實上，普爾斯有異常豐富的「感覺」論。我們首先看普爾斯如何從其「現象學」來界定「感覺」。「感覺」是「剎那間的意識」，不涉及「分析、比較或程序」，它有著「自身的實存的品質(positive quality)，完全實存於它自己本身，不實存於本身以外，雖然它是給帶引出來的」。如果「感覺」橫跨一段時光，「在這期間的每一剎那裡都是完整地、同等地呈現著」(1.306)。在普爾斯的現象學裡，「感覺」

是屬於「首度性」(firstness)，其品質實存於自己本身，不賴於本身以外的作為「對立」（二度性）或作為「中介」（三度性）的東西，並且即使占有一段時間，但其中每一剎那其感覺都完整地呈現著。然而，如前面在「實用嚜主義」最後一節談論「時間」及「感覺」的「連續性」所闡述的，普爾斯用其「微量理論」加以解釋，每一「剎那」都以數量無限與及無限開放的「微量」構成，首中尾地互扣而連續下去，並謂「感覺」的連續體使人有意無盡的感覺(6.111; 6.138)。同時，普爾斯對「感覺」是採取綜合的視野，與「理念」及「行動」互為連繫。普爾斯以「理念」(idea)為討論點時即說：「理念以感覺作為其內延的品質」(6.135)，並謂「當無數串的感覺經由聯想而溶結一起，其結果即為理念」(6.136)，而「理念」擁有影響與及帶出其他理念的能力(6.135)。細觀普爾斯所作闡述，「理念」互相「影響」與「帶

出」似乎亦有賴於其擁有並作為其內延品質的「感覺」。「理念」與「行動」之間是邏輯條件性關係，有賴於際遇與境況，是未來主義的，並非直接與必然的，此於「實用嚥主義」中之「意義論」及「概念論」裡已有所闡述，不贅。普爾斯有時把「意識」(consciousness)看作是眾多「感覺」的集合體，扮演著「自我控御」(self-control)的功能(5.493)。綜而論之，在普爾斯現象學的觀照下，「感覺」乃是「首度性」不可或缺的東西，而「二度性」及「三度性」的世界，又必以「首度性」作為其基礎，故可謂無所不在，一直扮演著一些角色與功能。「美學」是「規範科學」之首，對人類心志與行為有所規範，而所謂有所規範，也就是形成某種思維與行為的「習慣」(habit)。故從普爾斯下面的話，即可看出「感覺」在「美學」上、在「規範功能」上的重要性。普爾斯說：「假使道德行為(conduct)是徹底的有意的行動，而理想(ideal)則必然是從自省與他省的過程裡所影響而成的感覺的習慣(habit of feeling)。而美學(aesthetics)即為此感覺的習慣如何形成的理論」(1.574)。誠然，如普爾斯所言，「我們應從美學裡尋求規範科學的最深遠的特性，因為美學正處理著那些理想，那些理想的實現將會全面吸納著行動實踐與倫理學的注意，故必為規範科學的心、靈、與魂」(5.551)。生命的實踐與倫理學的實踐都是指向美學的諸理想的實現而已，足見美學及美學作品所具的規範功能。

第三節　記號學視野下的美學

　　遠在一九六二年，豪斯曼就試從普爾斯的「記號學」來建構普爾斯的美學架構，以「藝術品」為「肖象記號」(icon)，以美的「對象」為「和諧」(*kalos*)，以美的「效應」為「情緒居中調停記號」(emotional interpretant)，而「情緒居中調停記號」即為「感覺」(feeling)(1962)。史密斯(C. M. Smith)沿此更為繁富地徵引普爾斯「記號學」及「現象學」，以對其美學作高度發揮與闡述(1972)。筆者在此節裡，也是沿此方向進行。不過，我們得注意，這一節與前一節之以「美學」為「規範科學」，並無衝突之處，只是基於不同視野而已；事實上，「記號」有其規範功能，與「規範科學」下的「規範」精神一致。兩節對美學的闡述與發揮，實互為補充、互為涵蓋。

　　普爾斯「記號學」的精要，在於其三元中介模式的「記號衍義行為」(*semiosis*)：

> 所謂「記號衍義行為」(*semiosis*)乃是一個活動，一個影響運作，含攝著三個主體的相互作用；這三個主體是為「記號」(sign)、記號的「對象」(object)，與及其「居中調停記號」(interpretant)。這是一個三方面互連的影響運作，決不能縮減為幾個雙邊的活動。(5.484)

至於記號、對象、及居中調停記號三者的影響運作，理論上是三元互為中介，互為決定。但普爾斯一度提出的以「記號」為始點的闡述，或有助於我們對此影響運作之把握：

> 為了方便起見，我現在把「記號」限為任何東西，這
> 東西一方面是如此地被其「對象」所決定或特殊化，
> 又另一方面如此地決定著「解釋者」的「心志」，以
> 致「解釋者」的「心志」經由中間調停地、間接地為
> 「決定」這「記號」的這一個「對象」所決定。……
> 我把這個對「解釋者」底「心志」所作的「決定」
> (determination)，稱作「中間調停記號」。(NE3:886。
> 引自Fisch 1978:55)

要建構普爾斯的記號美學，就是先把「記號衍義行為」裡的「記號」換作「詩篇」或「藝術品」，然後進一步界定這作為美學冥思的「記號」，其特質為何，並進而追尋其所含攝之「對象」及其所決定的「居中調停記號」為何？

如我們所預料的，普爾斯以美學的記號（即詩篇、樂章、畫作等）為「肖象記號」，說：

> 「肖象記號」如此完全地代替了其「對象」，以致「記
> 號」及其「對象」難以辨識。……因此，對「畫作」
> 作冥思的觀照時，在某刻裡，我們意識裡不覺其非實
> 物，「實物」與其「模擬品」的識別消失，有如在夢
> 境中，不以其為個別的存在物，復不以其為普遍中性
> 的東西。這一刻，我們是在對「肖象記號」作冥思的

觀照。(3.362)

毫無疑義，「畫作」等藝術品被視作為「肖象記號」。此外，「畫作」是在冥思的觀照中；其時，「畫作」或畫中之景物不以其為個別的存在物，復不以其為普遍中性的東西，用普爾斯的現象學來說，即不以其為二度性的東西，復不以其為三度性的東西。換言之，作為「肖象記號」的「畫作」在冥思的觀照裡，是以其「首度性」呈現。同時於冥思中，「實物」與其「模擬品」的識別，亦在意識中懸擱，渾而不知。從比較文學的角度來看，中國題畫詩所常表達的「如真」的美學效應，可為此印證(古添洪1998)。

此刻，讓我們回想一下普爾斯「首度性」豐富的含義。所謂「首度性」是以「新鮮(freshness)、生命(life)、自由(freedom)作為主導」。「首度性」意謂不為其他東西在其前其後決定之，並表達在其「無限的、不受羈束的多樣性(variety)與繁富性(multiplicity)上」(1.302)。最能呈現「首度性」者，則為「感覺」(feeling)。感覺的「品質」世界雖是一種獨特的(peculiar)、實存其中的(positive)「如此」(suchness)，但它只是一個可能的「或存」(might be)而已(1.304)。換言之，「首度性」是品質的世界，以一種「如此」的狀態呈現，但不屬於二度性的「現實實存」(happen to be)，也不屬於三度性的「依條件而存」(would be)，而是可能的「或存」而已。綜合而論，「首度性」以其活潑、生命、自由作為主導，以多樣性與繁富為其面貌，歸屬於品質世界，其呈現為一種不可描述或解釋或追究其由的「如此」，並且其存在並非必然，只是一種可能的或存而已。這一個「首度性」

相當地符合我們對詩篇、音樂、繪畫、彫塑等藝術品的美學經驗。

在普爾斯的「現象學」裡，屬於「首度」的記號，有「肖象記號」(icon)、「品質記號」(qualisign)，和「詞類記號」(rheme)。「品質記號」只是一個「品質」，它必須被賦予身軀後才能成為「記號」(2.243–244)。「詞類記號」則是對其所含攝的「居中調停記號」（或者，為了解方便，我們不妨暫時認作為「解釋者」）而言，只是一種「品質上的可能性」，代表著某種可能的「對象」而已。我們可以看出來，「肖象記號」代表著「記號」與其「對象」的「類同性」或「肖象性」，「品質記號」代表著其主導者為其「品質」，「詞類記號」指涉著「記號」所含攝的另二位主體，即「對象」及其「居中調停記號」都只是一個可能的「或存」而已。這些特質都與我們前面所闡述的美學客體（即詩篇、音樂等藝術品）所擁有的特質，湊泊一致。因此，美學客體在普爾斯通盤的「記號」分類上，應是其十大範疇中的第一大類，即「詞類肖象品質記號」(rhematic iconic qual-isign)(2.264)❷，換作其「現象學」，則是首度中之首度之首度(first of the first of the first)。從這個角度來看，普爾斯的美學上所講論的美學品質，是高度的首度性，也就是高度的肖象性、自由性、品質性、與可能的或存性。

然而，這可能或存的、肖象性的「品質」，這美學上的

---

❷ 史密斯(Smith 1972:24–25)即持此看法。薛爾夫(Sheriff)則以為文學作品須賴語言記號，故含有武斷俗成記號的三度性，而其居中調停記號，則為詞類的首度性(Sheriff 1989:76)。但此處是就美學冥思的客觀而言。

妙境，必須賦予身軀，必須賦予身軀於為人類感官所能相接的藝術品（詩篇、樂章、畫作等），不單牽涉到材質（音、色、形、義等）的問題，尚要通過「二度性」的「實存世界」與及「三度性」的「思維世界」，才能竟其全功。美學上臻妙之處，確只是可能或存的、肖象的品質世界，確是存在形式中微妙的首度性，但通過二度性的實存世界與及三度性的思維知性世界，落實到實際的藝術作品時，其「品質」世界就無可避免地為這「二度」及「三度」存在模式所中介、所影響、所決定了。因此，普爾斯雖以「首度性」作為美學客體（即詩篇、畫作等）的主導性之所在，並以此首度性為美學三昧（妙境）之所在，但我們不能視其美學為「為藝術而藝術」的唯美主義者，不能視其美學為任何一種以「形式」為依歸的「形式主義者」或「純美學主義者」❸。

　　據此推論，美學的規範功能，就是以首度性為主導的記號的規範功能，也就是以肖象記號、詞類記號、品質記號為主導的記號的規範功能。史密斯提出一個與我們在這裡闡述的有關問題：把首度性透過藝術象徵化而表達出來，其價值與目的為何？其答案則是：透過藝術對首度性獲得某程度的清晰度，有助於我們對超乎知性所能了解的東西

---

❸　普爾斯所闡述的美學上的「首度性」，對我國古典詩學所強調的「無跡可尋」、「神妙」、「意無窮」的美學概念，實有相通之處，實有可提供之處。普爾斯雖以「首度性」為美學或藝術品精妙之處，但雖與二度性的實存世界及三度性的思維世界相接，故為既純亦濁；此點對上述古典我國有純美學傾向美學概念的了解，實有所裨益。

有所欣賞與了悟(Smith 1972:29)。具體一點來說，就是對「首度性」的世界 —— 肖象的、品質的、或存的、新鮮的、生命的、自由的、多樣的、繁富的世界，透過藝術對其象徵化而加以表達後有所悟解、有所體驗。而首度性開放出來的世界，吾人不妨認為，也就是普爾斯所說的美學上所提出的理想規範(aesthetic ideals)。這些「理想規範」當然會規範著我們志情意的世界，成為某種習慣，間接地條件性地規範著我們的行為。尤有進者，這「首度性」的世界，是通過「二度性」的「實存世界」與「三度性」的「思維世界」的「中介」，也就是經過其「考驗」與「商榷」，故藝術中的「首度性」並非子虛烏有的品質，而是於「實存世界」與「思維世界」所含攝的一種可能的、理想的「或存」。

　　早期論者雖強調「肖象性」，卻忽略了「肖象性」背後所屬的「首度性」，此未嘗無因。「肖象性」容易掌握，而藝術作品的「肖象性」，也是顯明易見。從莫瑞士到藍森(Ransom 1941)到雅克慎都強調「肖象性」在「詩篇」裡的重要性，但對「肖象性」精妙之處及其背後的「首度性」，都未能充分闡述與應用❹。現在就讓我們簡短地回顧一下

---

❹ 莫瑞士把記號學的領域分為三範疇：即語用、語法及語意，並且以「肖象記號」作為美學的根基(1938; 1971)。藍森根據莫瑞士一九三八年的著作，認為文學作品以「武斷俗成記號」運作，但偶然會使其歧異為「肖象記號」以指陳客體的品質與豐盈(1941:292–93)。雅克慎以「詩功能」、「喻況」(隱喻與旁喻二軸)、與及「語言肖象性」作為文學藝術的特性所在。關於普爾斯給予雅克慎的啟發，以及兩者的融會，愛倫・韋

普爾斯在這方面的闡述。「肖象性」是指「記號」(sign)與其「對象」(object)具有「肖象」的關係，即「記號本身有著某種特性(character)」以使得它能代表其「對象」(2.243)，甚或「在其對象的性格上作參與」(4.531)，並謂經由對「肖象記號」的直接觀察，可以對其「對象」某些「真實」(truths)有所知識(2.279)。因此，雖然普爾斯在某些場合裡，說「肖象記號」與其「對象」為「類似」(resemblance or likeness)關係(2.281)，但這「類似」關係實超乎「類似」一詞的一般含義。事實上，在上引普爾斯以「類似關係」以描述「肖象記號」及其「對象」之關係時，其舉例為藝術家對雕像的設計、描繪性的音樂譜作、建築藝術等，並謂牽涉到作者的感覺、冥思觀照及美感等。吾人不妨謂最能代表普爾斯「肖象記號」的含義及其肖象性或類似性者，應為藝術上建構的「肖象記號」及其所達到的包括品質上有所參與的「肖象性」。普爾斯謂「唯可能的或存(possibility)為肖象記號之純以其品質(quality)為依存者，而其對象非為首度者(firstness)不可」(2.227)。這「肖象記號」的最精妙境界，這首度之首度之首度存在形式，恐怕只有在中國魏晉新道家哲學興起以來與在歐洲十八世紀中葉浪漫主義以來的「山水」意識及「山水詩」之精者或精妙之片刻，才能得其神似。中國古典美學上所謂「山水是道」或「山水以形媚道」（六朝宗炳語）最能得普爾斯「肖象性」之真諦，蓋山水或山水詩篇之為「記號」與及其「對象」之為「道」或「超越性本體」，其「肖象性」實為臻妙，而兩者皆不免為「可能的或存」而已。故山水或山水詩能成為人類心靈

納(Irene Winner)作了很好的闡述(1994: 123–42)。

歸宿之處，實有因也（詳見拙著1986）。普爾斯對山水美學之認知，應與源於歐洲浪漫主義的愛默生的「超越主義」(transcendentalism)或康德以來「雄渾」(sublime)與「山水」相提並論的視野相接，視宇宙及山水為充滿意義的「肖象記號」：「宇宙是一個龐然的再現，一個神的意旨的大象徵，在活生生的眾現實裡演出其終極。……宇宙之作為一個論辯必然是一個雄偉的藝術品，雄偉的詩篇」(5.119)。「肖象記號」的典範，應在宇宙、自然、山水、詩篇、藝術作品裡尋求。

「肖象記號」、其「對象」、及其「居中調停記號」在其最高的純粹境地時，都應屬存在型態的「首度性」，故藝術及美感之精妙處，實與此無盡開放、無盡活潑與自由的「或存」境地湊泊為一。然而，「肖象記號」也可以甚至必須下降而與二度及三度世界相接，而成為普爾斯所謂的「肖象性」(iconic)或「肖象性的表達」(iconic representamen)；而當「肖象性的表達」有所本時，即得普爾斯所謂的「次肖象記號」(hypoicon)，如繪畫等所構成的物質性的意象即是(2.276)。似乎，「肖象性」與「首度性」以微妙之「或存」為特質，一落實於物質世界上或思維世界以作再現，就不免成為「次肖象記號」，而美學上的「冥思」與「觀照」則藉「次肖象記號」而走向其所「肖象」的首度性的或存世界。

普爾斯把「次肖象記號」分為三類。「意象」(image)對其「對象」的簡然的品質，即首度的首度性，有所參與。「圖列」(diagram)則是以符同的關係(analogous)代表著其「對象」所含攝各雙邊對立的關係。「喻況」(metaphor)則

是把「對象」的可表達的個性於他物上建構一「平行」(parallelism)以表達之(2.277) ❺。換言之,三者與其所代表的「對象」建立在三種不同型態的「類似」關係上: ①對其首度性有所參與; ②對其二元結構加以圖列; ③對其個性或特質於他種事態或物態上以平行樣式以表達之。就普爾斯的現象學術語而論,普爾斯既稱「意象」為首度之首度性,則我們不妨謂「圖列」為二度之首度性(有賴於其「對象」含攝之二元結構),而「比喻」則為三度之首度性(有賴於喻況之建構與及他物之中介)。回顧文學及今,我們不妨謂「象徵主義」(symbolism)、「意象主義」(imagism)與普爾斯的「意象」範疇相接,而近日的「結構主義」(structuralism)其著力處與普爾斯的「圖列」範疇相近 ❻,而文學上或修辭學上的「喻況」(metaphorical expression)當然屬於普爾斯的「喻況」的範疇無疑。普爾斯「次肖象記號」分類所依賴之原則與及對首度性、二度性、三度性之關係,對文學及藝術之了解,應有所提供與啟發。

　　對普爾斯「記號學」理論有所繼承的詩學研究者,對「詩篇」的「肖象性」有更為具體的應用。在某一意義來說,雅克慎的「詩功能」及「對等原理」,實是普爾斯「圖

---

❺　普爾斯原文裡沒有「對象」一詞。筆者以「肖象關係」必牽及「記號」及其「對象」,故逕加入「對象」一詞,以便了解。

❻　源於瑟許(De Saussure)的「結構主義」以二元對立結構為萬物萬事的基本結構,用諸於文學研究上亦如此。結構主義大師巴爾特(Barthes)曾謂,結構主義式的閱讀活動乃是重建作品結構的彷製(simulacrum)(Barthes 1972:213–220)。這與普爾斯以「二元對立」以「符同」為識別的「圖列」理論相近。

列」肖象範疇所界說的「詩篇」的「對象」及「詩篇」作為「記號」兩者在二元對立結構上的圖說契合。雅克慎所闡述的「詩篇」的「喻況」原則，也就是詩篇中以「喻況」範疇為著眼點的「肖象性」。雅克慎與華芙(Waugh)對「語音象徵」或「語音肖象」(sound symbolism or iconicity)及其在「詩篇」上之功能，也就是對「詩篇」的「語音」層面的「肖象性」，賦予當代語言學的理論陳述(Jakobson and Waugh 1979:177–231)（參拙著1984有關部分）。當然，語言的「肖象性」，不僅見於語音層面，亦見於字形及字形的結構上，如中文語言即是，其在「詩篇」的「肖象性」上，應扮演著某種角色，有著某種功能。今隨手以詩句「月上柳梢頭」證之。「月」之為「象形」，「柳」之為形聲兼象形，而「上」字為「指事」，觀之、析之則有彷彿如「畫」的「肖象性」（按：中國語言之肖象性甚為豐富，請參拙著1981）。

　　如普爾斯所說，「比喻」是「次肖象記號」的一個範疇，「喻況」也就是「詩篇」裡「肖象性」的一種。我們考察古往今來的「詩篇」，都幾乎離不開「喻況」的原則與修辭，甚至在某些詩類裡，建立了「喻況」的習用傳統。就以筆者曾加以比較研究的中西「及時行樂」詩(*carpe diem* poetry)為例，就有著有趣的發現(1993)。在「及時行樂」詩裡，「時間」的「倏忽性」往往以基於「類同原則」的「直喻」(simile)和「隱喻」(metaphor)出現：如「人生如朝露」、「人生忽如寄」（古詩十九首）、「這同樣的花朵今朝含笑 / 明天嚦就正在衰死中」(Robert Herrick, "To Make much of Time")。「時間」被分截為「現在」與「將來」，「現在」往往是生命與青春，「將來」則往往是「衰老」與「死亡」，一如上引何

爾立(Robert Herrick)詩所表達者。「現在」雖以正面的「隱喻」或「直喻」來表達，但往往在正面裡含攝著使人震撼的「倏忽性」：「玫瑰」此刻雖鮮豔美麗與微笑，但卻在死亡中。「將來」的負面性，卻往往以基於「毗鄰原則」的「旁喻」(metonymy)和「提喻」(synecdoche)來表達：以「霜下草」❼、以「墳墓」、以「白髮」、以「沙漠」、以「夜」、以「死亡」喻況之。同時，「時光」的流走往往以自然或人間的遷化喻況之。「自然」與「人間」相平行時，則以如前所述的玫瑰的萎謝或朝露之消失等暗喻以喻況之。「自然」與「人間」相對立時，則「自然」為循環再生的時間，而「人間」則為一去不回的直線式的不可救贖的時間，如「太陽每夕死去／清晨它又重現／你和我啊！／短暫的燭光搖晃滅後／那是夜，唯一永恆下去的夜」(Catullus No. 5)。無論屬於前者或後者，平行或對照，「時間」都被壓縮為只有頭尾而沒有中間的瞬間。

普爾斯

　　概言之，「肖象性」的精妙境界為首度之首度之首度的存在狀態，即無窮開放無窮自由無窮生命的首度性的或存狀態，也是「美感」的最精妙之處，而最能跡近這「肖象性」者，或以「山水」及「山水詩」作為「肖象記號」所達到以「肖象」宇宙的道或超越性本體者，前已述及。不過，「藝術」或「美感」並非僅以這「精妙」之處為依歸，因為，「記號」本身是在三元中介中運作著，是在三種存在狀態（即首度性、二度性、三度性）中衍生其意義，而這「衍義過程」(semiosis)是無窮無限，與現實、宇宙、生命

───────────

❼　見〈子夜歌〉之十六：「年少當及時，蹉跎日就老，若不信儂語，但看霜下草」。

之無窮湊泊為一。故美感與藝術一如記號，是複合的、是中介的、是無窮衍義的，是穿梭往來於存在狀態的首度性、二度性、與三度性。因此，普爾斯的記號學與現象學，雖以「首度性」為美感、藝術、規範性科學的精妙處，但此「精妙」處必須與其他「濁」的二度性（時空限制的現實世界）與三度性（文化局促的思維世界）相交接，故絕不會淪於任何為藝術而藝術的唯美或形式主義。然而，對文學及藝術作品作為「肖象記號」並對其「精妙」處之「首度性」加以掌握與論述甚難，也是為了這個緣故，及今的記號學式的對美學及詩篇的研究，未能直接切入這「精妙」所在之「首度性」，因其幾乎為不可言詮，而是著眼於普爾斯所提出的「次肖象記號」的三個類屬：意象、圖列、與喻況。這三者雖非首度之首度之首度性，但亦涉入作為「肖象記號」基礎的「首度性」。前面粗略地引及的雅克慎的詩學以及筆者在中西比較文學上對山水詩、及時行樂詩等的研究，應歸人以「次肖象記號」為研究途徑的範疇裡，雖有時已迹近其「前度性」。

最後，普爾斯的「記號學」模式，是無窮衍義的三元中介模式。這模式遠比「結構主義」的二元對立模式為豐富❽，對文學藝術現象之了解及研究，應有所提供，尚待我們的發揮。筆者在中西比較文學研究裡，曾多次運用這模式以建構及討論文學現象裡的各種「中介」，現在不惜獻

---

❽ 事實上，「後結構主義」以來，即努力求破「結構主義」的二元對立的思維格局。薛爾夫即以普爾斯記號學的三元中介模式，為超越並走出「結構主義」以來的二元對立世界，為文學研究帶來更寬廣的視野(Sheriff 1989)。

曝,在此簡述。在中西情詩裡,無論是歐洲在十二世紀興起的以宮庭愛(courtly love)為主調的普宛哥情詩(*Provencal chanson*), 或中國中世紀在江南一帶興起的與藝妓有關的子夜歌,其興起皆明顯地牽涉到一個三元互動的「中介」:即作者、詩篇、讀者的三元「中介」行為。其時,遊吟於歐洲宮庭的稱為troubadours的「詩人」們,作為其「讀者」與聽眾的貴族與夫人,與及「詩篇」之作為一個抽象的、內延但向外開放的「系統」而言,三者互為中介,遂成為以宮庭愛為內涵並有著各種愛情成規的、 稱為*Provencal chanson*的情詩。同樣的,在其時正在都市化的中國江南一帶,民間的「詩人」們,作為其「讀者」或歌唱其詩歌的帶有娼妓性質的女士與及其恩客,以及作為一個表義系統的「詩篇」,三者互為「中介」,遂有「子夜歌」之成形。

普爾斯　這三元「中介」,正如普爾斯「記號衍義」行為所指陳的,是一個互為影響、互為決定、互為衍生的行為。這三元「中介」行為,不但見於詩篇、讀者、作者三者之中,亦明顯地見於上述中西情詩二傳統中之「詩篇」內:「說話人」(addressor)、「受話人」(addressee)、與及「詩篇」內所含攝的社會現實及情感模式, 三者互為 「中介」。(詳見拙著1990)。

　　「比較文學」上的「影響研究」,由於「接受理論」(reception theory)的啟發,晚近的重點移於「接受」過程上,而漸成為「接受」研究(參Yves 1995; Bernheiner 1995)。筆者對魯迅《野草》詩集作研究時,視野亦隨潮流從「影響」移置於「接受」過程上;然而,筆者最終發現,所謂「影響」或「接受」實是一「中介」行為。魯迅的《野草》

詩集的形成，據前人及筆者的分析，其外來的「因素」主要為尼采(Nietzsche, 1844-1900)哲學（主要是《查拉圖斯特拉如是說》一書）及佛洛伊德的心理分析學說。這兩項外來的「因素」扮演著「中介」的功能，引動本土文學與文化相應的部分，故其結果是「外來」的「本土」化，「本土」的「外來」化，而整個「中介」過程與魯迅作為「作者」所處時空所形成的主體性息息相關，故實是一個三元「中介」的互動行為。同時，魯迅之「接受」尼采哲學與佛洛伊德心理分析學說，是在一九一〇年代的日本時空文化環境裡，換言之，又多了一重日本的「中介」。同時，筆者更以為「中介」時所遵守的基本法則，實為「對等原理」（詳見拙著1996）。誠然，「三元中介模式」對文學現象最能切近。我們甚至不妨謂，「詩篇」所含攝之「系統」及其成形，實是經由無數的「三元中介」的「小系統」複合而成。

第四節 「愛驚訝」與創作論

上節末處以「三元中介」模式來闡述「書篇」內涵的「系統」與「成形」，已涉及作者的「創作」過程；換言之，「創作」過程是一連串的複合的「三元中介」活動。而更上一節從「規範科學」視野來闡述的「美學」的「規範功能」，也更是「創作」過程中的一個關鍵的因素。然而，本節的討論，是放在創作的特殊心理機制。普爾斯在「實用囈主義」裡，論述了科學創造的方法論與及宇宙進化的心理機制：前者即為邏輯上的「誘設法」，後者即為宇宙創造

進化的「愛」（請參「實用嚥主義」第六節）。安德遜以為文學與藝術之創作，與科學上的創意與發現，與宇宙之創造與進化相彷若，遂把這三者及有關的觀念挪用於文學與藝術創作的討論上(Anderson 1987)。本節即據安德遜所論，對普爾斯的「創作論」作適當的闡述與發揮。

從普爾斯整個哲學範疇而言，此「愛驚訝」的創作論，應隸屬於其「實用嚥主義」視野❾。安德遜的論述策略，是用「相彷」(analogy)的方法。他一方面指出普爾斯的宇宙論為目的論的進化論，而其所賴的動力則是「愛驚訝」的關懷的力量。其可引申出來的「相彷」，即是說創作者在創作過程中，其原初模糊未定性的「生命的目的」(telos)，在作者的「愛」的關懷裡成長，並最後於作品完成時成形。

他另一方面則論證普爾斯所闡述的科學上的發現所賴為「誘設法」。其可引申出來的「相彷」，即是說藝術上／文學上的「創意」與科學上的「發現」相彷若，亦有賴於「誘設法」之始軔。於是，「愛驚訝」與及「誘設法」所含攝的「即興」、「首度性」等等「機制」，在創作中活躍著。安德遜這個賴「相彷」而建構出來的「創作論」是可以成立，並富有創意。

如前數節所敘述，也如安德遜所再度認證者，在普爾斯學說裡，科學與藝術既同復異。普爾斯一方面說：「詩人或小說家的作品與科學家的發現並非完全迥異」(1.383)。

---

❾ 安德遜雖然在其書中自謂省略了「實用嚥主義」作為其論述的指引(1987:10)，但根據筆者所陳述的「實用嚥主義」一章，卻相反地證明安德遜論述所據之各概念皆隸屬於「實用嚥主義」。

一方面又表明，從事「藝術創作」的人來說，「其首要著眼點乃在於感覺的品質」；而對科學家而言，「沒有比知性更為重要的了」云云(1.43) ❿。安德遜往往強調科學上與藝術上截然不同之分野：一為知性，一為感性。但筆者以為，不宜過度地強調其二分，因為即使是普爾斯記號現象學之三大分類，所謂首度、二度、三度者，尚以何者為「主導」(predominance)以決定某一現象或記號之歸屬。故藝術與科學之差別，雖為首度性與三度性之差別，但其差別乃基立在何者為主導性的基礎上。換言之，科學與藝術都同時擁有首度、二度、三度的存在型態，而只是「科學」以「三度性」為「主導」，而「藝術」則以「首度性」為「主導」。

科學上之發現與藝術上之創造，皆源於廣義的邏輯上的「誘設法」。安德遜在討論科學上的「誘設法」時，指出其含攝「洞察力的」(insightful)、「本能的」(instinctual)、與「直覺的」(intuitionistic)的品質。安德遜更進而指出，普爾斯的「誘設法」，是從「中間」開始，故有別於一般無「中介」的「本能」與「直覺」。同時，更引用普爾斯對上帝一概念作假設時，是處在一種「純然的遊戲」(pure play)的心理狀態，「誘設法」的運作亦如此云云(1987:32-42)。這些都是相當難得的發揮。我們不難發覺，「洞察力」、「本能」、「直覺」、「中介」、「純然的遊戲」等這些「誘設法」的機制，在藝術及文學的創作上，扮演著一定的角色。

安德遜從科學的（或一般的）「誘設法」移轉到藝術／

❿ 普爾斯在此節裡把人分為三類，從事藝術創作者，在實踐生活裡追求權力的現實者，與及追求知性的人。普爾斯行文裡，雖未標明第三者為科學家，但實際上應指科學家而言。

文學創作的「誘設法」時，則強調了感性(feeling)、「生命的目的」(*telos*)、「首度性」(firstness)等。有意義的是，安德遜指出，無論是科學或藝術創作上的「誘設」，都是一種「記號衍義行為」(semiotic process or *semiosis*)，並謂在討論「記號衍義行為」時，普爾斯多次涉及藝術(1987:65)。誠然，我們不妨認為，藝術或文學的創作，乃是在「記號的無限衍義行為」(unlimited *semiosis*)裡一個記號主體在其中所作的暫時句點。

安德遜在挪用「誘設法」以作為普爾斯創作論時，其最有貢獻之一乃是以創作過程為邏輯上三種推理形式——誘設法、演繹法、歸納法的三階段反覆運作，一如科學發現之有賴於此三種推理形式之通體合作。安德遜以為藝術／文學之創作過程，始自「誘設法」，其目標則為「呈現感性或感覺的新品質」，「把各種意念與感覺帶進某種關係；而他們的互動則帶來新的品質」(77)。第二步驟則是「演繹法」。這藝術／文學的演繹過程，乃是「投射各種未來的可能，並且，更重要的，去剖釋或決定各種意念的抉擇」(78)❶。換言之，誘設法所誘出的感性或感覺的新品質，是處於模糊、不確定的狀態，而演繹法則是使其變為確定與準確的過程(79)。我們不妨認為這是作品成長、成形的過程。第三階段乃是歸納法，是求證的過程：創作者求證此作品是否美(79)。安德遜用三階段（可以反覆運作）來解釋創作過程，其價值在於能與科學上之發現相一致，同時陳述了創作者在創作中的控御，以及對作品衍生過程及完成時的觀照與判斷。作者是自己作品的讀者、觀照者、美學

---

❶ 安德遜作此解釋時，謂請讀者參普爾斯原著6.471部分。

判斷者；當作為讀者的作者透過觀照與判斷，覺得這原初經由誘設而產生的模糊不定的感覺的新品質，在它不斷衍生成長裡，符合創作者的觀照與判斷，作者才覺得作品完成。所謂「文章千古事，得失寸心知」是也。創作者經過許多「中介」（即包括美學在內的各種學養）的「寸心」，是一直觀照、判斷著正在成形中的作品。簡言之，創作是一種意識的行為，即使裡面容納了自由、即興、創意、本能、直覺等。

安德遜的另一貢獻乃是從普爾斯的愛驚訝進化論──有目的論上的含義、即興、關懷的愛、連續性、進化終極為既規則復多樣的實有等（本書〈實用噬主義〉一章中已有細述）──挪用到作者作為一個創造者的創作心態與機制。其中最有啟發的，或莫如創作者在創作過程中對其作品成長之呵護，一如造物主對宇宙之進化過程之呵護。安德遜引用普爾斯有關的陳述說：「我的如串地相涉的諸概念之成長，並非得力於冷酷的判斷，而是來自對它們關懷的撫育，有如對園裡花卉的栽培一般」(6.289)。普爾斯這個看法，實是別開生面，深刻，可謂得創作的箇中三昧。俗語說，「家有敝帚，享以千金」。創作時雖然一方面如前挪用邏輯三形式時謂作者對其正在成形中的作品有所觀照、有所判斷，但我們不得不承認，作者一方面亦對其正在成形中的各種理念、感覺等等，加以關愛，讓其即興、連續成長。我們不難看出，普爾斯的思維模式，除了三元「中介」模式之外，往往是相反相成的互為辯證模式。

最後，由於在創作過程中，作者也是其正在成形中的作品的讀者，有著美學觀照與判斷的運作；由於在創作過

程中，各理念與感覺得是在成形變易中，而其最終不妨視作是一種高度的「綜合」；故筆者在下面就對普爾斯對原創性(originality)的五個層次，與及其對「綜合」(synthesis)的深刻見解迻譯如下，讀者可自行將其挪用並納入其創作論中，以作為本章的結束。普爾斯所提原創性五層次為：㈠「首度指陳出某因素必須與其他因素甄辨出來，即使這因素只能很模糊地被指陳出其個性」。㈡「指陳出這個或那個因素是不需的」。㈢「對已被認知的概念賦予明晰、賦予可行的、可實際應用的明晰」。㈣「建構系統使真理或事實顯露出來」。㈤「對他人作品作照明性的、原創性的批評」(MS.816, pp. 2–6; 引自Anderson 1987:45)。至於普爾斯對「綜合」的精闢見解，則為：

普爾斯

> 最高層次的綜合思維乃是當心志不為某些感覺某些再現對內心的吸引力所強制，不為「必需」(necessity)的超越性的力量(transcendental force)所強制，而是在於作為綜合作用的「我想」(I think)本身所眷顧之時。它能夠達到此境地，乃是經由引進資料本身中沒有的理念，而若沒有這個理念這些資料就無法相連結一起。這種綜合一直沒為我們所充分思考。詩人或小說家的作品與科學家的發現並非完全迥異的啊!(1.383)

最後，綜而論之，普爾斯的美學理論，以席勒的人文主義色彩的美學視野為基調，但卻加以深化並賦以規範科學、記號學、愛驚訝進化論諸層面，並互為涵蓋，可謂豐碩，並獨樹一幟。

第六章

結語：普爾斯與當代學術的
對話

普爾斯是美國的哲學家、邏輯學家，當代記號學的奠基人。他是美國最具原創性、最為艱澀的思想家，他死後被學界重新發現與肯定以來，可謂影響深遠。他提出的「三元」中介思維，打破了瑟許「結構主義」的「二元」思維格局，與後結構主義及後現代精神相銜接，並在這當代潮向提供了另一抉擇及貢獻。

　　雖然我們進入了後結構主義及後現代，但其背後仍迴響著達爾文、馬克思、佛洛伊德這三個影響深遠的大思想家的理論。這三位思想家，雖或早或晚於普爾斯，但大致上都可以看作是其同時代的人。普爾斯明言接受達爾文「進化」的視野，但不認同他的物競天擇說；對於馬克思及佛洛伊德，普爾斯似乎沒有提到，但衡諸常理，普爾斯對他們的思想，應有所知悉才對，而普爾斯所提出的有關群體主義與潛意識理論，可視作與二者有著某種「書篇間」(in-ter-textual)關係。同時，對其稍晚的胡塞爾曾提及，但認為這位後進沒有貫徹其「反心理學」(anti-psychologism)的承諾，而普爾斯則在「現象學」上自出機杼，自成格局。

　　總之，普爾斯對仍深深地影響著我們當代的主要思想家有著某種「書篇間」的「對話」關係，而對當代的後結構、後現代思維，亦可提供若干有意義的「對話」，有意義的推波助瀾或另類的思考，如普爾斯的無限的「記號衍義」(semiosis)與德希達的「解構」理論（尤其是其「延異」一觀點）的「對話」，如普爾斯的把「記號學」納入「規範科學」以指陳「記號」的規範功能，與俄國記號學家洛德曼(Lotman)的「記號系統」的「規範功能」理論，可謂異曲而同工。就讓這些或隱藏的、或為筆者所建構的「對話」，

作為本書的結語，以表彰普爾斯在當代學術的意義與提供。

　　首先，筆者最感興趣的，是普爾斯與馬克思兩大思想家可能有的「書篇間」的「對話」。馬克思比普爾斯早生二十年，二者都與德國的康德哲學及黑格爾哲學有很深的淵源：馬克思與黑格爾思想淵源深，而普爾斯則與康德哲學淵源深。普爾斯哲學系統中，「現象學」為基礎學理所在，而普爾斯在「現象學」中所提出的「存在」型態的三大範疇（即「首度性」、「二度性」、及「三度性」），在某意義上是從康德及黑格爾的範疇分類演變過來。並同時在此基礎上，建立其「三元中介」的「記號學」。馬克思思維方法的核心，也就是其唯物辯證法，其「正反合」的辯證程序，是從黑格爾哲學逆反而成。我們會問：「辯證法」與「三元中介」關係為何？這兩者與瑟許所表彰的「二元對立」的思維關係又如何？論者以為，「辯證」程序裡含攝著「二元對立」的瞬間的分析階段，而「辯證」是一個不斷繁衍、不斷通體化(totalizing)的歷程，而筆者在本書中亦強調說，普爾斯的「三元中介」視野，並不完全排除「二元對立」（如「毗鄰」與「類同」的對立即是）作為其內部的運作。有趣的是：普爾斯很少提到黑格爾的辯證法。是普爾斯一生從事的「邏輯學」與「辯證法」不能相容？是「辯證法」和「三元中介模式」不能相容，而「辯證法」又恰是可與「三元中介」思維模式相抗衡的勁敵？然而，兩者又似乎並非絕對不相容。新馬克思主義者如沙特(Sartre, 1805–1880)及阿圖塞(Althusser)都在經濟基層結構及各意識型態的上層建築間，或國家、社會、家庭和各意識型態的上層結構間，加入了「中介」(mediation)的觀念以解釋其辯證衍

化，謂其間有著許多「中介」。反過來，在「三元中介」的活動裡，其實際的互動是否可含攝著「正反合」的「辯證」程序？即「三元中介」裡含著「辯證」？這些都是非常值得思考、探索的艱難課題。

　　普爾斯對人性、人類之非異化本質、人類的群性傾向，大致持樂觀與正面的看法，這點幾可與馬克思相提並論。普爾斯認為，要獲得共識，就是人類的「社會性脈動」的表達，而科學上所獲得的所謂真理，乃是為科學家這一群體所認同的結論之意。而邏輯更壓根兒根植在社會原理上。普爾斯謂，人類的語言是「對話」本質的，所謂「個體」只是一個與人類「種性」相疏離的「負面」，而「個性」只是把小小的個人特性加以誇張，而個體所嚮往是人與人間的心志的溝通。這些視野都帶著強烈的群性傾向，帶著溫和的社會主義色彩。這普爾斯式的「社群主義」，可與馬克思主義這方面的思維（尤其是其異化論）相「對話」。

　　其次，與佛洛伊德的對話。首先，就最宏觀的角度來看，「潛意識」理論與「悲觀主義」有著某程度的內在的關聯，而普爾斯哲學則以「樂觀主義」為底調，如其把宇宙進化動力歸諸於「愛」，如認為「記號」可無限地衍義以接近最終的「對象」等。普爾斯的潛意識理論，應受到這「樂觀主義」的限制，但要承認「潛意識」，又不得不陷入某種「悲觀主義」，故吾人不妨視其「潛意識」理論為其「樂觀主義」下的陰影。普爾斯把「意識」比喻作無底的湖泊，「意念」在不同的層面上懸泊，依照某種動力原理而升降，「表層」的意識比較容易識別，「深層」者則較為「黯淡」。在這喻況裡，「深層」的「黯淡」的意念被視作為「潛意識」，

是可以接受的。如果是這樣的話,「意識」與「潛意識」並非截然二分,而是在同一的無底的湖泊裡,而「潛意識」只是潛伏在其深層的黯淡的「意念」,其「潛」與「深」與「黯」是無底無限的。普爾斯說,「意識」的明晰部分,是為主體所控御,其陰影艱澀的部分,則反是,而前者只是精神心理層的屑片而已,這些都與佛洛伊德相近。然而,佛洛伊德的「潛意識」理論著眼於「壓抑」,而普爾斯則著力於個體「自我欺騙」與「自我保護」的一面:「潛意識」捏造藉口以滿足「自我」理性上「為什麼」的要求。這「自我」理性上「為什麼」的要求,從根本處反證了人類兩難的情境;換言之,人類有理性上「為什麼」的需求,但人類的行徑卻又無法完全依理性行事,甚至相當不理性行事。這為佛洛伊德以「壓抑」為視野的「潛意識」理論,開出一條新的途徑;或者說,最少開出一條裂縫,一條開向另一境域的裂縫。

　　最後,普爾斯與達爾文進化論的「對話」。普爾斯認同達爾文「進化」的視野,但反對以「物競天擇」及「突變」作為「進化」的自然律法。普爾斯所提出的卻是以有著「目的論」上的含義、以愛為動力的「愛驚訝」(agape)的進化論。普爾斯指出宇宙的進化機制有三,絕對的偶然性,機械的必然性,以及愛的律法,而前二者不過為後者的發育未足的形式而已。而愛的律法,即「愛驚訝」的進化程序裡,是以「隨興」、創造的「愛」、邏輯上的「誘設法」(ab-duction)、以微量理論作為基礎的「連續性」為其機制。同時,普爾斯更擴大其「進化」視野及於宇宙及人類心志的發展上。也許,最重要也是最有預言性質的是,普爾斯推

論出，宇宙的進化一方面朝向多元化，一方面又朝向規律化，而這個視野似乎最為接近當代文明的趨向。

達爾文的進化論、馬克思的社會主義、佛洛伊德的潛意識理論以外，「現象學」(phenomenology)也是另一個在背後影響著當代的重要視野。所謂「現象學」，乃是研究萬事萬物的「本質」的問題，其方法則是透過萬事萬物的「現象」、透過我們「意識」對「現象」的體認所作最忠實、最直接、最細微的描述，以探求萬事萬物的「本質」所在。學者每以胡塞爾為當代「現象學」之始，完全忽略比胡塞爾更早些並在此領域中異軍突起的普爾斯，是有欠周延。普爾斯曾偶然提及比他年幼二十年的胡塞爾，說他傑出，但批判他未能貫徹其「反心理學」的視野。普爾斯在「現象學」的貢獻，在於其所提出的「存在」的「三種型態」(modes of being)，即為「首度性」、「二度性」、和「三度性」。「首度性」是依其屬性而自存而不與其他東西發生指涉時的如其如此的狀態。「二度性」則是這個東西與第二個東西發生關聯的存在狀態，「三度性」則是把又帶進來第三個東西使三者互為關聯的存在狀態。普爾斯的「首度」世界，以活潑、生命、自由為依歸，解釋了作為任一東西以「自存、自足」為主導的「或存的」品質世界。「二度性」解釋了以「二元對立」（一方「費勁」以行動——一方「抗拒」以抑止）為主導的「現實」及「經驗」的「實存」世界。「三度性」解釋了以「中介」為主導的「依條件而存」的人文世界，而人類最重要的「思維」運作，也就是「記號的衍義行為」，即是以「中介」為特質的「三度性」的最佳典範。總之，這三個「存在」的「範疇」，對宇宙萬象之及

於我們人類的「意識」者，作了最廣延的歸類，而其應用性亦同時可謂海闊天空，在「現象學」這一學科上應該有其可貴的一席之地。

我們身處的當代文化，雖說已進入了後結構、後現代的思維，但其背後仍強烈地受到達爾文、馬克思、佛洛伊德、胡塞爾等大家的影響，殆無疑義。然而，普爾斯對這些後結構／後視代的新思維「視野」又提供了什麼可能的「對話」與「抉擇」呢？

當代思潮應溯源自瑟許以來的、橫掃全球與全文化領域的「結構主義」(structuralism)。「結構主義」以「結構」作為萬事萬物存在之所據，並以「二元對立」(binary opposition)作為最基本的「結構模式」。其後的深受「結構主義」影響的各思潮，其努力所在之一，即為對「結構」霸權及「二元對立」模式的置疑、修正、解構等，舉其大者，如雅克慎 對瑟許之「二元對立」修正為二元互賴與互動，阿圖塞以「中介」(mediation)緩和了馬克思主義中經濟及各上層結構間的機械互動，德希達提出「延異」(*differance*)一概念，以跨越瑟許模式中靜態的「相異」(difference)：「延異」者，謂萬物間激盪的各事物有其「相異」，正在「相異」中，而其「相異」的終極無限地被延攔，並以此「延異」為宇宙萬物間相激盪的動力所在。無論如何，上述這些「後結構主義」的努力，仍在廣義的「二元論」(dualism)格局中進行，而普爾斯則明確地提出了「三元中介」的視野，此視野見於其「現象學」，更以豐富的不斷再三分的而顯見於其「記號學」。普爾斯是一個徹底的「三元論」者，這「三元論」的視野在普爾斯的哲學及各領域裡，可謂無所不賅：

邏輯推理上之三分為歸納法、演繹法、與誘設法；進化機制上之三分為「偶然論」、「機械論」、與「愛驚訝」論；「記號」之各種三分，如就「記號」與其「對象」關係之三分為肖象記號、指標記號、及武斷俗成記號等；細胞原質中可辨出三個向度，即自身含有的能量，神經細胞群中的互動，以及一個攝取同化的高聯結的綜合力量（按：普爾斯的學院訓練是化學）。無論如何，普爾斯的「三元中介」模式，在掙脫瑟許「結構主義」二元模式這一個「後結構主義」作業裡，不但有著推波助瀾的作用，甚至使我們的視野完全改觀，使我們走向一個不斷進化成長，更為繁複、互為「中介」的世界。摩瑞爾(Floyd Merrell)認為普爾斯的三元模式思維，也就是「記號衍義行為」(semiosis)中所含攝的不斷「中介」、不斷「衍化」的思維，與我們所處的「後現代」精神一致，或者最少說，提出了與「後結構主義」為骨幹的「後現代」思維的另一個抉擇。

　　普爾斯在當代「記號學」的開創與貢獻，更不在話下。除了為學界所津津樂道的「三元中介」的思維模式與分類外，其對記號的「規範功能」（洛德曼稱之為modelling function，普爾斯稱之為normative function）的闡述，相當精闢，與俄國記號學家洛德曼所論者，互為輝映，此點則未為學界所充分論證與表彰。洛德曼的記號規範功能，有著「神經機械學」(cybernetics)的理論基礎，謂任一「記號系統」皆給予我們它獨特的一套語彙及結構以把現實及宇宙納入其模式裡而為我們所認知，並因而同時規範著、控御著我們的主體及行為。洛德曼並以「自然語」（如中文、英文等）為「首度」規範系統，對「現實」及我們人類的「心志」

作了「首度」的規範，而以文學、藝術、民俗等作為「二度」規範系統，對「現實」及人類的「心志」再作「二度」的規範，而「二度」的規範裡更以「我——我」的交流途徑（即自己和自己對話）為主導，其結果則為「自我」的重新結構與規範。普爾斯以「記號學」屬於「規範科學」(normative sciences)，而「規範科學」則包括倫理學、美學和邏輯學，三者的目的皆是以建立雖未必給予遵守但應予遵守的標準類型與規則，而論者多以「記號學」與「邏輯學」互為涵蓋。所謂「規範」，即以這些「雖未必給予遵守但應予遵守的標準類型與規則」來「規範」我們的心志與行為。同時，普爾斯說，「現象學」是「規範科學」的基礎，故「規範」之深度應達到宇宙各現象的及人類心志的本質。普爾斯說，個體所用的語言或記號即構成他自己，個體的語言就是他自我的全部；即充分表達了記號系統的規範功能。普爾斯指出，宇宙及個體都在活動中形成習慣，但思維及理想規範則影響著人類習慣的形成及變易。然而，「思維」是經由「記號」而運作的，故記號所扮演的「規範」功能亦昭然若揭。尤有甚者，普爾斯認為，人以「對話」為本質，人是經由「自我」的不斷「對話」而成長，這點與洛德曼把「我——我」資訊通道之規範功能歸諸於詩歌相較，境界為之大開。至於「詩歌」等所謂「二度規範系統」，普爾斯以「理想規範」(ideals)作為其核心。普爾斯說，假如「理想規範」必然是從自省與他省的過程裡所影響而成的感覺的習慣，而美學即為研此感覺的習慣如何形成的理論。普爾斯的「美學」，其定義本身就是建立在美學的「規範功能」上，而其所揭示的「理想規範」則迫近「現象學」

所要探求的宇宙萬象的「本質」世界。

　　普爾斯的哲學思想體大思精，最有創意，也最為艱澀，其可對當代學術提供很值得深思的各種「對話」，上面就是就其犖犖大者而論。他如從「現實」從「中間」出發的「懷疑論」，「實驗主義」中的「可錯主義」，「實用噬主義」的「概念論」與「意義論」，批評性的「常識主義」，以及「愛驚訝」創作論，都是別樹一幟的精闢見解，值得我們的深思與發揚。

附　錄

參考書目

Althusser, Louis. *For Marx.* Trans. Ben Brewster. London: Verso, 1969.

———*Lenin and Philosophy and Other Essays.* Trans. Ben Brewster. London: Verso, 1971.

Anderson, Douglas. *Creativity and the Philosophy of C.S. Peirce.* Lancaster: Martinus Nijhoff, 1987.

Apel, Karl-Otto. *Charles S. Peirce: From Pragmatism to Pragmaticism.* Trans. John Kreis. Amherst: U of Massachusetts P, 1981.

Barthes, Roland. "The Strusturalist Activity." *Critical Essays.* Trans. Richard Howard. Evanston: Northwestern UP, 1972, pp. 213–20.

Bello, Angela Ales. "Peirce and Husserl: Abduction, Apperception and Aesthetics." *Peirce and Value Theory.* Ed. Herman Parret, 1994, pp. 113–22.

Bernheiner, Charles. *Comparative Literature in the Age of Multiculturalism.* Baltimore: John Hopkins UP, 1995.

Brent, Joseph. *C. S. Peirce: A Life.* Bloomington: Indiana UP, 1993.

Calabrese, Vincent Omar. "Some Reflections on Peirce's Aesthetics from a Structuralist Point of View. " *Peirce and*

Value Theory. Ed. Herman Parret, 1994, pp. 143–51.

Chevrel, Yves. *Comparative Literature Today.* Kirsville: Thomas Jefferson UP, 1995.

Colapietro, Vincent Michael. *Peirce's Approach to the Self: A Semiotic Perspective on Human Subjectivity.* Albany: State U of New York P, 1989.

——— "Notes for a Sketch of a Peircean Theory of the Unconscious." *Transactions of the Charles S. Peirce Society*, 31,3,1995, pp. 482–505.

Deleuze, Gilles and Guattari, Felix. *Anti-Oedipus: Capitalism and Schizophrenia.* New York: Viking, 1977.

De Saussure, Ferdinand. *Course in General Linguistics.* Trans. Wade Baskin. New York: McGraw-Hill, 1959 (French 1916).

Derrida, Jacques. *Speech and Phenomena.* Trans. David Allison & Newton Garver. Eavanston: Northwestern UP, 1973.

———Eco, Umberto. *A Theory of Semiotics.* Bloomington: Indiana UP, 1976.

Fisch, Max. "Peirce's General Theory of Signs." *Sight, Sound, and Sense.* Ed. Thomas Sebeok. Bloomington: Indiana UP, 1978.

——— *Peirce, Semiotic, and Pragmatism.* Bloomington: Indiana UP, 1986.

Freud, Sigmund. *Civilization and Its Discontents.* Ed. and Trans. James Strachey. New York: Norton, 1961.

Greenlee, Douglas. *Peirce's Concept of Sign.* The Hague: Mouton, 1973.

Hausman, Carl. *Charles S. Peirce's Evolutionary Philosophy.* Cambridge: Cambridge UP, 1993.

Herron, Timothy. "C. S. Peirce Theories of Infinitesimals." *Transactions of the Charles S. Peirce Society*, 33, 3, 1997, pp. 590–645.

Hocutt, Max. "The Logical Foundations of Peirce's Aesthetics." *The Journal of Aesthetics and Art Criticism*, 21,1962, pp. 151–66.

Jakobson, Roman. *Language and Literature.* Cambridge (Ma.): Harvard UP, 1987.

Jakobson, Roman and Linda Waugh. *The Sound Shape of Language.* Bloomington: Indiana UP, 1979.

Johansen, Jorgen. *Dialogic Semiosis: an Essay on Signs and Meaning*, 1993.

Ku, Tim-hung（古添洪）. "Toward a Semiotic Reading of Poetry: a chinese Example." *Semiotica*, 49–1/2, 1984, pp. 49–72.

———"A Semiotic Approach to Chinese-English Love Poetry: Focusing on the Space of the Addressee." *Tamkang Review*, Vol. XX, No. 2, 1989, pp. 169–93.

———"Toward a General Poetics of Landscape Poetry: a Semiotic-Deconstructive Approach." *Bulletin Nat'l Taiwan Normal University*, Vol. 35, 1990, pp. 159–82.

———"Toward a General Poetics of Chinese-Western *Carpe*

Diem Poetry." *East-West Comparative Literature: Cross-Cultural Discourse.* Ed. Tak-wei Wong. Hong Kong: Department of Comparative Literature, University of Hong Kong, 1993, pp. 253–69.

———"Satanism in Lu Sun's Prose Poems; With a Discussion of the Japanese Mediation in the Process of Reception." *The Force of Vision, Vol. 6: Inter-Asian Comparative Literature, Proceedings of the XIIIth Congress of ICLA,* 1995, pp. 54–60.

———"Man in Woman's Voice and Vice Versa: the Chinese and English Female-Persona Lyrics. A Response to Some Concepts in Feminist Criticism." *Tamkang Review,* 27, 2, 1996, pp. 183–207.

——— "A Semiotic Approach to Ekphrastic Poetry in the English-Chinese Comparative Context." *Semiotica,* 118–3/4, 1998, pp. 261–79.

Kristeva, Julia. *The Kristeva Reader.* Ed. Toril Moi. Oxford: Basil Blackwell,1986.

Lacan, Jacques. *Ecrits.* Trans. Alan Sheridan. London: Routledge, 1977.

Lafferriere, Daniel. *Sigh and Subject: Semiotic and Psychoanalytic Investigations into Poetry.* Lisse: Peter de Ridder Press, 1978.

Lotman, Jurij. *Analysis of the Poetic Text.* Trans. Barton Johnson. Ann Arbor: U of Michigan P, 1976 (Russian 1972).

普爾斯

Lotman, Yuri (=Jurij Lotman). *Universe of the Mind.* Trans. Ann Shukman. Bloomington: Indiana UP, 1990.

Macause, Robert. *Eros and Civilization.* Boston: Beacon, 1966.

Marx, Karl. *The Economic & Philosophic Manuscripts of 1844.* Trans. by Martin Milligan. New York: International Publishers, 1964.

Marx, Karl & Friedrich Engels. *Marx & Engels: Basic Writings on Politics & Philosophy.* Ed. Lewis Feuer. New York: Doubleday, 1959.

Merleau-Ponty, Maurice. *Phenomenology of Perception. Trans.* Lolin Smith. London: Routledge & Kegan Paul, 1962.

Merrel, Floyd. *Semiosis in the Postmodern Age.* West Lafayette: Purdue UP, 1995.

Morris, Charles. *Writings on the General Theory of Signs.* Hague: Mouton, 1971.

Nicolson, Marijorie. *Mountain Gloom and Mountain Glory.* New York: Norton, 1959.

Parret, Herman, ed. *Peirce and Value Theory: on Peirce and Aesthetics.* Amsterdam: J. Benjamins, 1994.

Peirce, Charles Sanders. *Collected Papers.* Cambridge (Ma.): Harvard UP, 1931–58.=《普爾斯全集》

——*New Elements of Mathematics by Charles S. Peirce.* Ed. Carolyn Eisele. The Hague: Mouton, 1976.

——*Writings of Charles S. Peirce: A Chronological Edi-*

tion, I–III. Ed. Max Fisch. Indiana: U of Indiana P, 1982–84.=《普爾斯編年全集》

Ransom, John. *The New Criticism.* Norfolk: New Directions, 1941.

Sartre, Jean-Paul. *Search for a Method.* Trans. Hazel Barnes. New York: Alfred Knopf, 1963.

Savan, David. *An Introduction to C. S. Peirce.* Toronto Semiotic Circle, 1987–88.

Sheriff, John. *The Fate of Meaning: Charles Peirce, Structuralism, and Literature.* Princeton: Princeton UP, 1989.

Smith, M. "The Aesthetics of Charles S. Peirce." *The Journal of Aesthetics and Art Criticism*, 31, 1972, pp. 20–29.

Spiegelberg, Hurbert. "Husserl's and Peirce's Phenomenologies: Coincidence or Interaction." *Philosophy and Phenomenological Research*, Vol. 17, 1957.

———*The Phenomenological Movement: A Historical Introduction.* The Hague: Martinus Nijhoff, 1960.

Weiss, Paul. "Biography of Charles S. Peirce." *Perspective on Peirce.* Ed. Richard Bernstein. New Haven: Yale UP, 1934, now in 1965.

Winner, Irene Portis. "Peirce, Saussure and Jakobson's Aesthetic Function. Towards a Synthetic View of the Aesthetic Function." *Peirce and Value Theory.* Ed. Herman Parret, 1994, pp. 123–42.

Winner, Thomas. "Peirce and literary Studies with Special Emphasis on the Theories of the Prague Linguistic Circle." *Peirce and Value Theory.* Ed. Herman Parret, 1994, pp. 277–300.

胡適著。唐德剛譯註。《胡適口述自傳》。臺北：傳記文學，1986。

何秀煌。《記號學導論》。臺北：大林，1980。

古添洪。《記號詩學》。臺北：東大，1984。

─── 〈記號學中的「解」傾向 ── 兼「解」「構」中西山水詩〉。《中外文學》，14卷12期(1986)：頁98–124。

─── 〈論魯迅散文詩集「野草」的撒旦主義 ── 兼論接受過程中的日本「中介」〉。《中外文學》，25卷3期(1996)：頁234–253。

─── 〈普爾斯的美學／文學理論綜論：規範科學、記號學、 進化論的多重架構〉。《中外文學》， 28卷12期(2000)：頁108–130。

傅正谷。《中國夢文化》。北京：社科院，1993。

─── 《中國夢文學史》(先秦兩漢部分)。北京：光明日報，1993。

索　引

二劃

三劃

五劃

七劃

普爾斯

178

西洋文學、文化意識叢書

葉維廉　廖炳惠主編

叢書特色

在文字上：用平實淺明的解說，取代艱澀、令人目不暇給的名詞及
　　　　　術語。

在內容上：真正深入每一理論家的原作，系統的闡明文學、文化理
　　　　　論的思想傳承、演變、作用，並進一步評估其成就。

在選題上：平均分配文學、文化理論家的學派比例，並對當代的文
　　　　　化、社會理論及活動作一廣泛的接觸。

在地域上：涵蓋了獨立國協、東歐、西歐到美國，使不落入英美或
　　　　　法德為本位的理論傾銷。

作者方面：這套叢書集合了臺灣、香港、法國、美國的學者，以目
　　　　　前的陣容為基礎，希望能逐漸擴大，並引起學術及文化
　　　　　界的熱烈迴響，使理論進入日常生活的意識，思想與文
　　　　　化作為結合。

書　　名	作　　者	出版狀況
佛洛依德	宋文里	撰稿中
詹明信	陳清僑	撰稿中
穆柯羅夫斯基	陳國球	撰稿中
阿圖塞	廖朝陽	撰稿中
傅柯	吳宗寶	撰稿中
拉崗	周英雄	撰稿中
班雅明	馬國明	已出版
德勒茲	羅貴祥	已出版
波瓦	簡瑛瑛	撰稿中
普爾斯	古添洪	已出版
巴克定	馬耀民	撰稿中
里柯	廖炳惠	已出版
伽達瑪	葉維廉	撰稿中
馬庫色	史文鴻	已出版
伊塞爾	單德興	撰稿中
蓋茲	李有成	撰稿中
威廉斯	易鵬	撰稿中
柏格	梁秉鈞	撰稿中